感じなかったのが、急に疑問に思えてきた。少なくとも娘は、「がぶがぶ」と言われて、それを麦茶を飲む行為と結びつけることができなかったのだ。

（古田徹也 著 『いつもの言葉を哲学する』 朝日新聞出版から……一部省略等がある。）

問い 本文中に 彼女は「嚙むの？」と尋ねた とありますが、彼女がなぜこのように尋ねたと筆者は考えていますか。その理由を述べた次の文の □ にあてはまる表現を、文中から四十字以内でそのまま抜き出し、最初と最後の五字をそれぞれ書きなさい。（句読点やその他の符号も一字に数える）

彼女は「 □ から。

（R5 和歌山県公立高）

古典

(5) 次の文章を読んで、あとの問いに答え

旅人が石見国（現在の島根県西部）の茶店で休んでいると、その土地の子どもが茶店の老婆に「呼子鳥が鳴いた」と話している声が聞こえてきた。以前から呼子鳥に興味があった旅人は、老婆に話しかけた。

「いま鳴く鳥の精は、いづくなりや。おのれに示してよ。姿も見置きて、雅の友のつとにも語らん」と請ひけるを、① 老婆、むかしきといふ人な。すべての鳥のひなのやうやう羽ならはしに出でつつ、ここかしこあそるがただにしうて、巣に帰らん道にまどふを、親鳥の巣より呼ぶなるをおしへて、呼子鳥とはいふなれば、この鳥のみをしくて、何にかはせんと答へけるに、はじめて呼子鳥は一の鳥にあらざりけり、とさとりたる。

（「紙魚室雑記」による。一部省略等がある。）

(注) 雅の友のつと＝「風流を理解する友へのみやげ話」の意味。

羽ならはし＝鳥が羽を広げて飛ぶ練習をすること。

あそるがただにしうて＝「えさを探し求める様子が頼りなくて」の意味。

おしへて＝教えて。

何にかはせん＝「何の意味があろうか、いやない」の意味。

1 傍線①の部分「をしへて」を現代かなづかいに直して、ひらがなで書きなさい。

2 傍線②の部分「老婆」について、「老婆」が言った言葉は、文章中のどの部分までか。その部分の終わりの五字を抜き出しなさい。

（R5 熊本県公立高）

（※問題文の語尾などは、実際の試験の表現をそのまま使っています。 **解答は63ページにあります。**）

1 解答と解説 ことば①

重要

> このページには、下のページの問題の「解答と解説」が書かれています。
> 下のページの問題を解き終わるまでは、このページを見ないようにしましょう。
> 問題を解くときは、このページが見えないように紙やノートで隠しておきましょう。

(1) 主観的	(2) 縮小	(3) 楽観的	(4) 故意	(5) 具体的	(6) 現実	(7) 肯定
(8) 複雑	(9) 相対的	(10) 能動的	(11) 成功	(12) 権利	(13) 結果・間接	(14) 既知・必然

対義語は、反対語（反意語）ともいう。

下の問題は特によく出るものなので、しっかり覚えよう。

(1)「客観的」は、特定の立場にとらわれない見方や考え方をするさま。「主観的」は、その人ひとりの物の見方や考え方によっているさま。

(4)「過失」は「不注意などによる失敗」のこと。「故意」は「わざとすること」という意味。

(5)「抽象的」は、実物や実際を離れ、頭の中で考えていて具体性に欠けるさま。
「具体的」は、はっきりとした実体をもっているさま。あるいは、一つ一つの事実によっているさま。

(7) 読み方は「肯定」。

(9)「絶対的」は、他と比べようがないもののことを指す。「相対的」は、
他と比べる、あるいは他との関係に成り立つもののこと。

(10)「受動的」は、他から動かされること。「能動的」は、自分から動くこと。

(14)「未知」は「未だ知らない」、「既知」は「既に知っている」と覚えよう。

> 「定期テストの順位が下がっちゃった」というのも、前回の順位と比べているから、相対的な見方だよ。

漢字道場1 (1) 傷 (2) 価値・戦略 (3) 織 (4) 導

☆ちょっと一息☆

みんなは漢字の成り立ちを考えたことある？

漢字の成り立ちには、おもしろいものがたくさんあるんだよ。

たとえば「鮮」という漢字は、いけにえとしてささげられた魚と羊からできているんだよ。神くのささげものだから、新鮮な魚と生きた羊が使われたんだって。

「騒」は、馬に蚤で、かゆくているから→「騒ぐ」となったらしいよ。

2025
春受験用

きそもんシリーズ
Vol.1

高校入試

国語の基礎が学べる問題集

やる気はあるけど,
何から始めたらいいかわからない。
やろうとして問題集を買ったけど,
難しすぎて前に進めない。

そんな受験生を応援する問題集です

K 教英出版

ウェブ付録について

付録としてさらに学習を深めるためのコンテンツを公開しています。教英出版ウェブサイトの「ご購入者様のページ」で「書籍ID番号」を入力してご利用ください。

書籍ID番号 **157086**

2025年9月末まで有効

教英出版ウェブサイトの
「ご購入者様のページ」はこちら
(https://kyoei-syuppan.net/user/)

この問題集の使い方

① まずは下の問題を解く
⇩
② 上を見ながら答え合わせ
⇩
③ 解説を読んで"実力アップ"
⇩
④ 間違えた問題は印をつけて、後で見直す
⇩
⑤ 国語の基礎力アップ

・もくじ・

「入試問題で実力チェック！」と「挑戦問題」は全て実際の公立高校入試に出た問題。今の時点でどれだけ解けるか、腕試しをしてみよう。解説のページの終わりにはコラムがあるよ。勉強の合間に気軽に読もう。

どの章も、下のページが問題で、上のページが解答と解説だよ。見開きで完結なので、答え合わせがしやすい。

問題を解くときは、答えのところを紙やノートで隠しておこう。

答えが合っていても、上の解説は必ず読もう。点数を上げるためのヒントがいっぱいつまってるよ。

使いやすい書き込み式。

どの問題もよく出るものばかり。集中練習で実力アップ！

漢字の答えが、大きくて見やすいよ。

コラムのコーナーでちょっと一息。勉強に役立つ情報ものってるよ。

漢字道場の問題は、公立高校入試でよく出るものばかり。

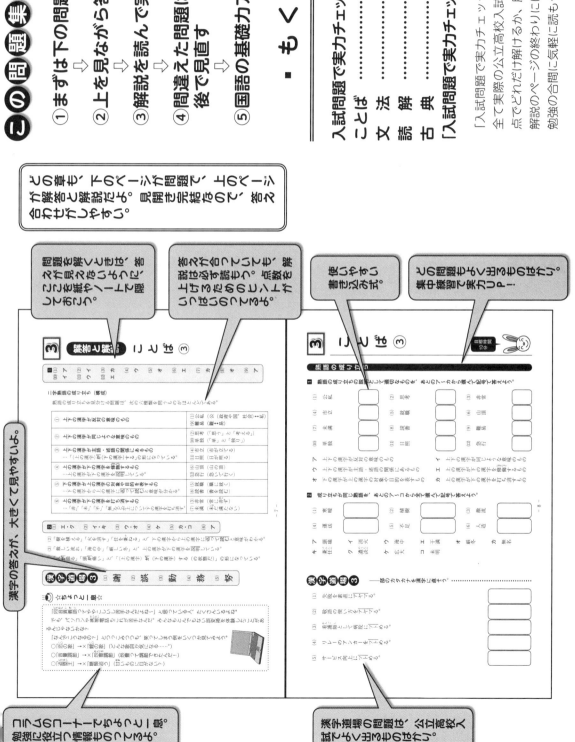

漢字

(1) 次の──線部のカタカナは漢字に直し、漢字は仮名に直して書け。

① 光をアびる。

② 危険をケイコクする信号。

③ 社会のフウチョウを反映する。

④ 映画の世界に陶酔する。

⑤ トレーニングを怠る。

⑥ 小冊子を頒布する。

①	びる
②	
③	
④	
⑤	る
⑥	

（R5 鹿児島県公立高）

ことば

(2) 次の1～4の四字熟語について、──部の片仮名を漢字に改めたとき、他と異なる漢字になるものを一つ選び、記号で答えなさい。

1 タイ器晩成 2 タイ願成就 3 タイ義名分 4 タイ然自若

（R5 山口県公立高）

文法

(3) 次の──線部の述語に対する主語を、一文節で書き抜きなさい。

夏休み期間中は大会こそ行われないものの、練習試合などは数多く予定されているため、電車に乗る機会も普段よりは多いだろう。

（R5 埼玉県公立高）

読解

(4) 次の文章を読んで、問いに答えなさい。

　ひどく暑い夏の日曜日。ずっと家に籠もっているのもなんだから、娘と散歩に出た。アスファルトからの陽の照り返しもきつく、道中で娘はたくさん汗をかいた。家に戻り、彼女に冷たい麦茶の入ったコップを渡して「がぶがぶいっちゃって」と促すと、彼女は「嚙むの？」と尋ねた。

　確かに言われてみれば、「がぶがぶ」というのは嚙む様子も表す言葉だ。むしろ、飲み物を勢いよく飲む様子をなぜ「がぶがぶ」と表現するのか。また、そのことをなぜ自分はこれまで不自然に

1 こ と ば ①

目標時間 10分

対義語

——部のことばの対義語（反対の意味のことば）を漢字で書こう。

(1) 客観的に物事を見ることが大事だ。

(2) 勢力の拡大をはかる。

(3) そう悲観的にならなくてもよい。

(4) 過失があったことを認める。

(5) この文章の内容は抽象的で難しい。

(6) 理想の環境で生活する。

(7) その可能性は否定できない。

(8) 単純なミスをした。

(9) 絶対的に有利な状況。

(10) 受動的に勉強しても身に付きにくい。

(11) 失敗を恐れてはならない。

(12) リーダーとしての義務を果たす。

(13) 事件の原因と直接の関係はない。

(14) 未知の生物を偶然発見する。

 漢字道場①　——部のカタカナを漢字に直そう。

(1) 果物がイタまないように包装する。

(2) 付加カチを高めるセンリャク。

(3) 自然と人がオリなす風土。

(4) チームを優勝にミチビく。

② 解答と解説　ことば②

❶ (1) カ　(2) イ　(3) エ　(4) オ　(5) ア　(6) ウ

　四字熟語の問題では、この問題のように意味を選ぶものがよく出題される。
　また、意味を与えられて、それに合う四字熟語を書いたり選んだりする問題も出る。

(2)　針の先のように小さいことを、棒のように大きく言うことを表す。

(5)　千年に一度しかめぐりあえないような、まれな機会という意味。

(6)　近くに他人がいないかのようにふるまうことを表す。

「千」や「万」は、具体的な数という
よりは、ひとつも多いことや長いこと
を表現しているよ。

❷
(1) 絶体絶命　(2) 十人十色　(3) 無我夢中　(4) 危機一髪　(5) 単刀直入
(6) 心機一転　(7) 一日千秋　(8) 二束三文

　四字熟語の問題では、空欄に漢字を入れるものもよく出題される。書き間違えやすいものや漢数字を使うものが出るので覚えておこう。

四字熟語は、読解問題の本文で
もよく出ているよ。必ず意味と
セットで覚えてね。

(1)　「絶対」と書かないように注意しよう。

(4)　髪の毛一本の差で危機に陥るような危ない状態を表す。
　　「一発」と書かないように注意しよう。

(5)　「短刀」ではなく「単刀」なので注意しよう。
　　一人で刀を持って（＝単刀）切りこんでいく様子から、いきなり本題に入ることを表す。

(6)　「新規」や「心気」ではなく「心機」なので注意しよう。心機は、心の動き、気持ちという意味。

(7)　一日が千回の秋（＝千年）にも感じられるということで、とても待ち遠しい様子を表す。

(8)　「三文」は、「三文芝居（お金を払う価値がないほどのつまらない芝居）」ということばがあるように、安いことを表すことばとして使われている。

漢字道場②
(1) こころみる　(2) のぞ　(3) きんにく　(4) けんせつ　(5) に

☆勉強のコツ☆

　突然だけど、受験勉強を始めるにあたって、最初にやるべきことは何だと思う？
　答えは過去問を見る、そして解くことだよ。
　まずは、入りたい学校の過去の入試問題を見てみよう。何年分か見ていくと、なんとなくその学校の入試問題の傾向が分かってくるよ。例えば、「記述の問題が多いな」とか、「詩や短歌は出ないな」みたいにね。
　受験勉強では、入試に出る可能性が低い分野を直前に勉強しても効率が悪いよね。
　孫子（古代中国の思想家）の名言に、「敵を知り、己を知れば、百戦危うからず（敵と味方の情勢をよく知っていれば、何度戦っても負けない）」というのがあるよ。
　まずは「敵を知ること」＝「過去問を研究すること」から始めてみよう。

2 ことば ②

目標時間 10分

四字熟語

1 次の四字熟語の意味として適切なものを、あとのア〜カから選んで記号で答えよう。

(1) 七転八起 ［　］　(2) 針小棒大 ［　］　(3) 四苦八苦 ［　］

(4) 一朝一夕 ［　］　(5) 千載一遇 ［　］　(6) 傍若無人 ［　］

ア まれな機会のこと　　イ 大げさに言うこと　　ウ 自分勝手にふるまうこと

エ とても苦労すること　オ わずかな時間のこと　カ くじけずやりぬくこと

2 空欄に漢字を入れて、下の意味の四字熟語を完成させよう。

(1) 絶□絶□……逃げられない差し迫った状態に追い詰められること。

(2) □人□色……考えや好みが人によって異なること。

(3) □我□中……熱中して我を忘れること。

(4) 危□一□……とても危ない状態のこと。

(5) □刀□入……遠回しではなく、いきなり本題に入ること。

(6) □□一転……何かをきっかけに、気持ちがすっかり変わること。

(7) □日□秋……とても待ち遠しいこと。

(8) □束□文……とても安いこと。

漢字道場② ──部の漢字の読みをひらがなで書こう。

(1) 進歩の跡が著しい。

(2) 希望者を募る。

(3) 東京近郊に住む。

(4) 謙虚な姿勢。

(5) ひとみを凝らす。

－ 6 －

解答と解説　ことば ③

1 (1) イ　(2) イ　(3) カ　(4) ウ　(5) オ　(6) エ　(7) カ　(8) オ　(9) ア
(10) イ　(11) ウ　(12) エ

熟語の成り立ち（構成）

熟語の成り立ちを見分ける問題は、次の六種類を問うものがほとんどである。

① 上下の漢字が反対の意味のもの	(1)公私（公（政府や国、社会）↔私）／(9)難易（難↔易）
② 上下の漢字が同じような意味のもの	(2)思考（「思う」と「考える」）／(10)単独（「単」と「独り」）
③ 上下の漢字が主語・述語の関係にあるもの…「（上の漢字）が（下の漢字）する」の形になっている。	(4)市立（市が立てる）／(11)日照（日が照る）
④ 上の漢字が下の漢字を修飾するもの…上の漢字が下の漢字を説明している。	(6)山頂（山のいちばん高い所）／(12)急行（急いで行く）
⑤ 下の漢字が上の漢字の対象や目的を表すもの…下の漢字から上の漢字に返って読むと意味が分かる。	(5)就職（職に就く）／(8)読書（書を読む）
⑥ 上の漢字が下の漢字を打ち消すもの…「非」「未」「不」「無」などが上について下の漢字を打ち消す。	(3)非常（常に非ず）／(7)未満（未だ満たない）

2 (1) エ・ク　(2) イ・キ　(3) ウ・オ　(4) ケ　(5) カ・コ　(6) ア

(2) 「樹を植える」「火を消す」「任を兼ねる」と、下の漢字から上の漢字に返って読むと意味がわかる。

(3) 「激しい流れ」「海の中」「厳しい冬」と、上の漢字が下の漢字を説明している。

(6) 「人が造る」「頭が痛い」と、「（上の漢字）が（下の漢字）する（の状態だ）」の形になっている。

漢字道場③　(1) 謝　(2) 誤　(3) 勤　(4) 務　(5) 努

☆ちょっと一息☆

「同音異義語ってややこしいし苦手なんだよね〜」と思っている人、たくさんいるよね。でも、パソコンや携帯電話もそれが苦手なんだ。みんなもとんでもない誤変換を体験したことがあるんじゃないかな。

「なんだこりゃなるの？」とついにはいつも笑ってしまう例をいくつか見てみよう。

○「恋の歌」→×「鯉の歌」（どんな歌詞か気になる……。）

○「音量調節」→×「怨霊調節」（怨霊って調節できたんだ！）

○「盗塁王」→×「糖類造う」（甘いものに目がない？）

ことば ③

熟語の成り立ち

1 熟語の成り立ちの説明として適切なものを、あとのア～カから選んで記号で答えよう。

(1) 公私 ▢

(2) 思考 ▢

(3) 非常 ▢

(4) 市立 ▢

(5) 就職 ▢

(6) 山頂 ▢

(7) 未満 ▢

(8) 読書 ▢

(9) 難易 ▢

(10) 単独 ▢

(11) 日照 ▢

(12) 急行 ▢

ア 上下の漢字が反対の意味のもの
イ 上下の漢字が同じような意味のもの
ウ 上下の漢字が主語・述語の関係にあるもの
エ 上の漢字が下の漢字を修飾するもの
オ 下の漢字が上の漢字の対象や目的を表すもの
カ 上の漢字が下の漢字を打ち消すもの

2 成り立ちが同じ熟語を、あとのア～コから全て選んで記号で答えよう。

(1) 寒暖 ▢

(2) 植樹 ▢

(3) 激流 ▢

(4) 運送 ▢

(5) 不足 ▢

(6) 人造 ▢

ア 頭痛　　イ 消火　　ウ 海中　　エ 干満　　オ 厳冬　　カ 無名

キ 兼任　　ク 濃淡　　ケ 広大　　コ 未明

- 8 -

漢字道場 ③ ──一部のカタカナを漢字に直そう。‥‥‥‥‥‥‥‥‥‥

(1) 失敗したことを素直にアヤマる。 ▢

(2) 敬語の使い方をアヤマる。 ▢

(3) 看護師として病院にツトめる。 ▢

(4) リレーのアンカーをツトめる。 ▢

(5) サービス向上にツトめる。 ▢

(1) 水をさす	(2) 手を打つ	(3) 音を上げる	(4) 腹を割る	(5) 足を延ばす
(6) 鼻が高い	(7) 一目置く	(8) 手を焼く	(9) 火に油を注ぐ	(10) 骨が折れる
(11) 渡りに船	(12) 腰を入れる	(13) 腹をくくる	(14) 歯に衣着せぬ	

慣用句は、知識問題として問われるほか、論説文や小説の本文中にもよく出てくる。

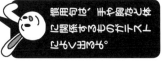

慣用句は、手や胸など体に関係するものがテストによく出るよ。

(2) 「手を打つ」には、いくつか意味があるので、文脈の中で意味を判断するようにしよう。「打つ」が使われるものとして他に、「胸を打つ」(強く感動するという意味)という表現もある。

(4) 「腹を割って話し合う」などと使う。「口を割る」も慣用句で、白状する、打ち明けるという意味。

(7) 「一目」の「目」は顔についている目ではなく、囲碁用語の一つ。囲碁で、弱い人が先に何目か石を置いていくハンデをもらうことに由来する。「傍目八目」も囲碁に関係することばである。他人の打つ囲碁を傍で見ていると、打っている本人よりも冷静なので八目も先の手順が見えるということから、第三者のほうが、当事者よりもものごとの真相や利害がよくわかるという意味を表す。

(10) 「骨折り損」(苦労したのに、むだになるという意味)ということばもある。

(14) 「衣」とは衣服のこと。「絹」と書くのは誤りなので注意しよう。

漢字道場④ ① おだ・けむり ② はくも ③ だすや ④ ただよ

☆ちょっと一息☆

「的を得た意見」という表現を聞いて、みんなは違和感がある?

実は、「的を射た意見」というのが正しい表現で、「要点をおさえた意見」という意味なんだよ。でも、今では「的を得る」を使う人のほうが多いと言われてるんだ。

また、「役不足」ということばの意味は、「本人の能力に対して、与えられた役目が軽すぎること」なんだけど、このことばを逆の意味(力不足)で使う人がとても多いんだ。

人からの依頼を断るときに「役不足なのですみません」と言っちゃうと、「その仕事は私には軽すぎるので、お引き受けできません(満足できません)」という失礼な返事になるから、気を付けよう。

こ と ば ④

慣用句

空欄に漢字一字を入れて、下の意味の慣用句を完成させよう。

(1) □をさす……うまくいっているところにわきから邪魔をする。

(2) □を打つ……必要な対策を講じる。取引、交渉などで合意する。

(3) □を上げる……耐えきれずに弱音をはく。降参する。

(4) □を割る……本心を打ち明ける。

(5) □を延ばす……予定していた所よりも遠くまで行く。

(6) □が高い……誇らしく思う。自慢に思う。

(7) 一□置く……相手が優れていることを認める。

(8) □を焼く……てこずる。持てあます。

(9) 火に□を注ぐ……状況をさらに悪くする。

(10) □が折れる……苦労する。困難である。

(11) 渡りに□……運よく都合のよいことがおこる。

(12) □を入れる……しっかりした心構えで取り組む。

(13) □をくくる……覚悟を決める。

(14) □に衣着せぬ……思ったままにずけずけと言う。

漢字道場④ ——部の漢字の読みをひらがなで書こう。……………………………

(1) 穏やかな景色が広がる。

(2) 空き地に繁茂した雑草。

(3) ボランティア活動に携わる。

(4) 辺りに芳香が漂う。

5 解答と解説 ことば⑤

(3) 帯に短し襷に長し	(2) 魚心あれば水心	(1) 情けは人のためならず
(6) 弱り目に祟り目	(5) 猫に小判	(4) 焼け石に水
(9) 果報は寝て待て	(8) 背に腹はかえられぬ	(7) 立つ鳥〔飛ぶ鳥〕あとを濁さず
(12) 三つ子の魂百まで	(11) 良薬は口に苦し	(10) 石の上にも三年

ことわざは、意味が同じものや、反対のものをセットにして勉強すると覚えやすいよ。

ことわざも、慣用句と同じく知識問題として問われるほか、文章読解の本文に出てくる。

(1) このことわざは意味に注意しよう。
「他人に情けをかけるのはその人のためにならない」というのは誤り。

(4) 焼けた石に少しばかり水をかけても、すぐに蒸発して石の温度は下がらないことから、少しの努力では効果がないことをたとえたことわざ。

(5) 同じような意味のことわざに「豚に真珠」「馬の耳に念仏」などがある。

(6) 同じような意味のことわざに「泣き面に蜂」がある。

(7) 他に「鳥」がふくまれることわざとして「飛ぶ鳥を落とす勢い」(勢いが盛んなようす)などがある。

(8) 背中を守るために、さらに大事な腹を犠牲にするわけにはいかないということ。すぐそこまで迫った危険や苦痛をさけるためには、他のことを犠牲にすることもやむをえないという意味もある。

(9) 「果報」は、運がよいこと、幸せな状態という意味。「家宝」ではないので注意しよう。

(10) 冷たい石の上でも、三年座っていれば暖かくなることから、我慢して続ければ必ず成功することをたとえたことわざ。

漢字道場⑤ (1) 油断 (2) 演奏 (3) 精密 (4) 印象 (5) 迷

☆クイズタイム☆

日本人も外国人も考えることは同じなのか、海外にも日本のことわざと似たものがたくさんあるよ。
次のことわざが、日本のどんなことわざにあたるか考えてみよう。

「ゆっくり行けば遠くまで行ける」(ロシア)　　　　　　　　　　　答えは13ページにあるよ。

5 こ と ば ⑤

目標時間 10分

ことわざ

空欄にことばを入れて、下の意味のことわざを完成させよう。

(1) □は人のためならず……人に親切にすれば、自分にかえってくる。

(2) 魚心あれば□……相手が自分に好意を持てば自分も好意を示す気になる。

(3) □樟に長し……中途半端で役に立たない。

(4) □に水……努力や援助が少なすぎて効き目がない。

(5) 猫に□……価値を知らない人に貴重なものを与えてもむだである。

(6) □に祟り目……不運や災難が重なる。

(7) □あとを濁さず……引き際がよい。去る者は、あとが見苦しくないようにすべきである。

(8) □はかえられぬ……大切なことのために、他のことを顧みない。

(9) □は寝て待て……幸運はあせらずに待つのがよい。

(10) □にも三年……がまん強く辛抱すれば報われる。

(11) □は口に苦し……よい忠告は聞くのがつらい。

(12) □の魂百まで……幼いころの性格は、年をとっても変わらない。

漢字道場⑤ ——部のカタカナを漢字に直そう。

(1) コダワルことなく仕事をする。

(2) 楽器のエンソウをする。

(3) セイミツな機械。

(4) インショウが刻々と変化する。

(5) 判断にマヨッた事例。

(1)	(2)	(3)	(4)	(5)	(6)	(7)	(8)	(9)
ス	カ	サ	ア	エ	ケ	イ	シ	オ

(10)	(11)	(12)	(13)	(14)
コ	ク	セ	ウ	キ

故事成語とは、主に中国で昔あったできごとをもとにしてできたことばのこと。

(1) シギがハマグリを食べようとしたところ、ハマグリが殻を閉じてシギのくちばしを挟んだ。両者が争っているところに漁師が通りかかり、両方とも捕まえたことに由来する。

(4) 「呉」と「越」の二つの国はとても仲が悪かった。

(5) 「杞」という国の人が、天が崩れ落ちてこないかと心配したという話に由来する。

(6) 苗を早く生長させようとした人が、伸びるのを助けるために苗を引っぱり、枯らしてしまったという話に由来する。

(9) よその山(他山)から出た質の悪い石でも、自分の宝である玉を磨くのに使えるという話に由来する。

(11) 「竜門」とは、黄河の上流にある流れの急なところのこと。ここを登りきった鯉は竜になるという話がある。

(12) 飼っていたサルに「エサを朝に三つ、暮れに四つやろう」と言うと、サルたちはエサが少ないと怒った。そこで、「では、朝に四つで、暮れに三つやろう」と言うと、サルたちは満足したという話に由来する。
選択肢にある意味の他に、「口先でごまかす」という意味もある。
「朝令暮改」(命令や方針がたえず変わって定まらないという意味)と間違えやすいので注意しよう。

(13) 「逆鱗」とは、竜のあごの下についているウロコのこと。これに触れると、ふだんはおとなしい竜が怒る。目上の人を怒らせるという意味なので、自分や目下の人に対しては使えない。

「助長」ということばは、この話にあるとおり、もともと悪い意味で使われていた。でも、今では良い意味でも使われるよ。

勉強も同じ。あまり目先のことにとらわれすぎないようにね。

漢字道場⑥ (1)かく (2)きんいつ (3)しょうげき (4)さいく (5)くだ

☆ちょっと一息☆

故事成語は、その由来となったエピソードを知ると覚えやすいよ。
例えば「圧巻(全体の中で最もすぐれた部分)」は、昔の中国の役人の採用試験で、最も優れた人の答案(=巻)を一番上に置いたことに由来するんだよ。
(14)の「覆水盆に返らず」は、次のエピソードが元になっているんだ。古代中国でのお話。読書ばかりして働かない夫に愛想をつかして出ていった妻が、夫が出世したことを知って復縁を求めたんだ。すると、夫は盆(たらい)に入った水をこぼし、これを元通りにしたら言う通りにしてやると言って断った。妻は地面にこぼれた水をすくおうとしたが、できるはずもなかった。このことから、「一度やったことは取り返しがつかない」という意味で使われるんだよ。

クイズ(12ページ)の答え　急がば回れ

6 ことば ⑥

故事成語

次の故事成語の意味として適切なものを、あとのア〜セから選んで記号で答えよう。

(1) 漁夫の利 ⬚
(2) 蛇足 ⬚
(3) 背水の陣 ⬚
(4) 呉越同舟 ⬚
(5) 杞憂 ⬚
(6) 助長 ⬚
(7) 四面楚歌 ⬚
(8) 矛盾 ⬚
(9) 他山の石 ⬚
(10) 五十歩百歩 ⬚
(11) 登竜門 ⬚
(12) 朝三暮四 ⬚
(13) 逆鱗に触れる ⬚
(14) 覆水盆に返らず ⬚

ア 仲の悪い人どうしが同じ所にいること
イ 周りが全て敵であること
ウ 君主や目上の人をひどく怒らせること
エ いらぬ心配のこと
オ 自分を磨く助けになる、他人の誤った言行
カ 付け足す必要のないもの
キ 一度やったことは取り返しがつかないこと
ク 立身出世にいたる難しい関門
ケ 不要な手助けをして、害を与えること
コ 似たり寄ったりなこと
サ ぎりぎりの状況の中で全力をつくすこと
シ つじつまが合わないこと
ス 二者が争っている間に、第三者が利益を横取りすること
セ 目先の違いに気をとられて、結果が変わらないことに気付かないこと

漢字道場⑥

——部の漢字の読みをひらがなで書こう。

(1) 家督を譲る。 ⬚
(2) 試合の均衡が破れる。 ⬚
(3) 強い衝撃をうける。 ⬚
(4) よい方法を模索する。 ⬚
(5) 新規事業を企てる。 ⬚

(1) 単純　(2) 機・転　(3) エ　(4) 肩　(5) イ・ウ・オ

(2) 心機は、心の動き、気持ちという意味。

(3) 分からなかった人は7ページをもう一度見よう。

「柔軟」と「映写」は、上下の漢字が同じような意味を表している。

アは、「意を決する」で、下の漢字から上の漢字に返って読む。

イは、「伸びる⇔縮む」と、上下の漢字が反対の意味を表している。

ウは、「最も高い」と、上の漢字が下の漢字を説明している。

(5) アは、仲の悪い人どうしが同じ所にいるという意味なので「仲の良い兄弟」という部分と合わない。

イは、文章をよく考えて練る、または念入りに練りなおすという意味。

ウは、つじつまが合わないという意味。

エは、似たり寄ったりであるという意味。文の意味が通らないので誤り。

オは、付け足す必要のないものという意味。

この問題に限らず、分からなかったところをそのままにせず、見直すことがとても大事だよ。

☆ちょっと一息☆

みんな、テスト直前に徹夜や夜づけで勉強した経験ある？

徹夜明けのテストで「あれ？ 寝ないで覚えたことがぜんぜん思い出せないぞ…」なんてことはなかったかな？

覚えたことを記憶として定着させるには、十分な睡眠が必要なんだ。

個人差はあるけど、6時間から7時間半は寝たほうがいいという研究結果もあるよ。

テスト前日は早めに寝よう。

☆勉強のコツ☆

実際の公立高校の入試問題を解いてみてどうだったかな？

1つの試験の中でも、小学校で習う漢字の問題から、1の章にあるような知識問題、難しい読解問題まで幅広く出題されているんだ。確実に点をとれる基本的な問題で間違えないように、基礎をしっかりと固めよう。

挑戦問題　実際の入試問題に挑戦しよう。

次の各問いに答えよう。

(1) 「複雑」の対義語を漢字で書きなさい。　ふつう

(2) 次の文の□に、それぞれ漢字一字を入れ、四字熟語を完成させなさい。

心□一□して、科学者を目指す。　やや難

(3) 「柔軟」と熟語の構成が同じものを、次のア〜エから一つ選び、記号を書きなさい。

ア　決意　　イ　伸縮　　ウ　最高　　エ　映写　　ふつう

(4) 「□で息をして（する）」は、苦しそうに息をする様子を表す慣用句である。□に入る、身体の一部を示す語を答えなさい。

やや難

(5) 次の各文中の──線をつけた故事成語の使い方が適切なものを、ア〜オの中からすべて選びなさい。　やや難

ア　僕と弟は呉越同舟のとても仲の良い兄弟だ。

イ　納得がいくまで推敲を重ねた作文を提出する。

ウ　彼の発言と行動には以前から矛盾が多い。

エ　現代の科学技術は五十歩百歩で進んでいる。

オ　君が書いた文章の最後の一文は蛇足だ。

- 16 -

（※問題文の語尾などは、実際の試験の表現をそのまま使っています。）

■1 (1) 西の／空が／夕焼けで／赤く／染まる。　(2) 大きな／音を／立てて／通過する／トラック。
(3) 大都市の／近くに／住むと、／買い物に／便利だ。　(4) 菜の花が／一面に／咲いた／川原で。
(5) 子供の／ころの／ことを／思い出す。　(6) 自制心の／ない／者に、／自由は／ない。

文節…文を、意味のわかる範囲で区切った場合の最も小さいひとまとまりのことば。

文節の切れ目には、ネやサを入れることができる。

例　今日は ネ 良い ネ 天気だったので ネ 運動場で ネ 遊んだ。

（「ネ」や「サ」を入れて不自然でなければ、そこが切れ目。）

文節の特徴

① 一つの文節の中には自立語は一つしかない。（自立語は、助詞・助動詞以外の語のこと。21ページの表参照。）

② 文節の先頭には必ず自立語が来る。

例　今日は／良い／天気だったので／運動場で／遊んだ。

(1) 「ネ」を入れると、「西の ネ 空が ネ 夕焼けで ネ 赤く ネ 染まる」と切れる。

(4) 「菜の花」は花の名前なので、これで一つの名詞（自立語）である。

(5) 「思い出す」で一つの動詞（自立語）である。「思い ネ 出す」とは切れないことからもわかる。

■2 (1) 3　(2) 3　(3) 2　(4) 3　(5) 2

（他の語について、補助的な意味を添えるもの。）

文節分けで注意すべき点…次のことば（①補助動詞・②補助形容詞）は、一文節になるので、注意が必要。

① 動作や作用を表すことば。「いる」「おく」「みる」「くれる」など、直前に「て」や「で」がある。

例　見て／いる　　書いて／おく

② 性質や状態を表すことば。「ない」「ほしい」など。

例　ひどく／ない　　来て／ほしい

(1)、(2) 「いる」「おく」は、直前の「持って」「しまって」に意味を添えている。「持って ネ いる」「しまって ネ おく」と切ることができる。

(3) 「試 ネ みる」では意味が通らないので、「試みる」で一つの文節。

(4)、(5) 「ない」の前に「は」を入れることができたら、形容詞の「ない」で一文節になる。(4)は「難しくはない」と「は」を入れられるので形容詞。(5)の「ない」は助動詞。

漢字道場7　(1) 規模　(2) 預　(3) 刻　(4) 届　(5) 済

☆ちょっと一息☆

　文節分けは、パソコンの文字の変換機能に利用されているよ。たとえば、「わたしはしる」と打てば、文節分けの位置によって「私は知る」と「私走る」の二通りに変換できちゃう。
　×ページで、漢字の誤変換をいくつか紹介したよね。今回は文節分けが原因のものをみてみよう。
○「置いてかれた」→×「老いて枯れた」（誤変換されても意味は通っている）
○「そいに畑がある」→×「そいには竹がある」（「、」を打てば一発解決…）

7 文法 ①

文節分け

1 次の各文について、（例）のように文節に分けよう。

（例）今日は／友達と／コンビニに／行った。

(1) 西の空が、夕焼けで赤く染まる。

(2) 大きな音を立てて通過するトラック。

(3) 大都市の近くに住むと、買い物に便利だ。

(4) 菜の花が一面に咲いた川原。

(5) 子供のころのことを思い出す。

(6) 自制心のない者に、自由はない。

2 次の各文の——部の文節の数を算用数字で答えよう。

(1) マツタケも根を持っている。

(2) 机の中に好きな子の写真をしまっておく。

(3) 不利だとは思いつつも反論を試みる。

(4) この問題はそんなに難しくない。

(5) 全て正直に話すとは限らない。

漢字道場 7 ——部のカタカナを漢字に直そう。

(1) 全国的なキボで活動する。

(2) 空港で手荷物をアズける。

(3) 心にキザまれている光景。

(4) 郵便物が自宅にトドく。

(5) 仕事を早くスませる。

8 解答と解説 文法②

1 (1) ア・エ (2) ア・カ (3) イ・エ (4) ウ・キ (5) エ・オ

「何が(は)」を表す文節が**主語**で、それを受けて「どうする」「どんなだ」「何だ」などを表す文節が**述語**である。

述語はたいてい文の終わりにあることを覚えておこう。

	何が(は)			例
①		―	どうする	犬が ― 走る。
②		―	どんなだ	星が ― きれいだ。
③		―	何だ	彼は ― 中学生だ。
④		―	ある	みかんが ― ある。

2 (1) 飛ぶ (2) 取った (3) 着いた (4) 作った (5) 車は

「いつ」「どこで」「何を」「どのように」など、あることばをくわしく説明していることばを**修飾語**という。また、くわしく説明されることばを**被修飾語**という。

> 修飾語は、必ず被修飾語よりも前に出てくるよ。

白い　鳥が　高く　飛んだ
修飾語―被修飾語　修飾語―被修飾語

(1) 「低く」は、「飛ぶ」様子について説明している。

(2) 「森で」は、「取った」場所について説明している。

(3) 「二時に」は、「着いた」時間について説明している。

(4) 「自分たちで」は、「作った」状況について説明している。後の「貼られた」についての説明ではないので気をつけよう。このことは、「自分たちで」「貼られた」と続けても意味が通らないことからもわかる。

(5) 「あたりに停まっている」は、どんな「車」なのかを説明している。

漢字道場 8 (1) ほどこ (2) か (3) いとな (4) つ (5) へる

☆ちょっと一息☆

17ページで「菜の花」は一つの名詞だから、文節に分けるときに途中で切っちゃダメと解説したよね。これと関係ある話なんだけど、名詞の中にはとても長いものがたくさんあるんだ。

たとえば、「ミツクリエナガチョウチンアンコウ」という深海魚。これも一つの名詞なんだ。

もし、

「『ミツクリエナガチョウチンアンコウが網にかかった』という文の文節数を答えなさい」

という問題が出たら、「ミツクリエナガチョウチンアンコウが\網に\かかった」

と切れるから、答えは三文節になるよ。

まあ、こんな問題は出ないだろうけど……。

⑧ 文　法 ②

目標時間 15分

文節のはたらき

1 次の各文の主語の文節と述語の文節をそれぞれ記号で答えよう。

(1) ア オランダは イ ヨーロッパに ウ ある エ 国だ。　主語 □　述語 □

(2) ア 私は イ 昨日の ウ 夜 エ その オ 作業を カ 行った。　主語 □　述語 □

(3) ア 整然と イ 人々が ウ 敷地内に エ 並ぶ。　主語 □　述語 □

(4) ア 寒空の イ 下で ウ 彼は エ 公園の オ ベンチの カ 前に キ いた。　主語 □　述語 □

(5) ア 広い イ 海面に ウ きらきらと エ 光が オ 反射する。　主語 □　述語 □

2 次の各文の——部がかかる文節を抜き出して答えよう。

(1) トンボが田んぼの上を<u>低く</u>飛ぶ。 □

(2) 少年たちはその<u>森で</u>たくさんのクワガタを取った。 □

(3) その電車は、<u>二時に</u>私の家の最寄り駅に着いた。 □

(4) <u>自分たちで</u>作ったポスターが、会場の入り口に貼られた。 □

(5) あそこに停まっている<u>黒い</u>車は、彼のものです。 □

漢字道場⑧ ——部の漢字の読みをひらがなで書こう。

(1) 新たな装飾を施す。 □

(2) ていねいな言葉で言い換える。 □

(3) 絵に陰影をつける。 □

(4) やり方を突き詰めていく。 □

(5) うわべを繕う。 □

⑨ **解答と解説　文法③**

(1) ア　(2) エ　(3) ウ　(4) イ　(5) エ　(6) ア　(7) イ　(8) ウ　(9) ウ
(10) ア　(11) イ　(12) エ

品詞は全部で十種類ある。

```
単語
├ 自立語（単独で文節を作ることができる）
│   ├ 活用がある …… 述語になる〔用言〕
│   │    ├ 動作や存在を表す ……………… 動詞
│   │    ├ 性質や状態を表す …………… 形容詞
│   │    └ 性質や状態を表す ………… 形容動詞
│   └ 活用がない
│        ├ 主語になる〔体言〕 ………………… 名詞
│        ├ 修飾語になる
│        │    ├ おもに用言を修飾する …… 副詞
│        │    └ 体言を修飾する ……… 連体詞
│        ├ 単独で接続語になる …………… 接続詞
│        └ 独立語になる ………………… 感動詞
└ 付属語（単独で文節を作ることができない）
     ├ 活用がある ……………………………… 助動詞
     └ 活用がない ……………………………… 助詞
```

> 「活用」とは、「読まない」、「読みます」のように、後に続くことばに合わせて語尾が変化することだよ。

用言の見分け方

終止形（言いきり）に直して、最後の音が何になるかで判断する。

・**動詞**（動作や存在を表すことば）…最後の音がウ段。例 歩く 寝る 有る
・**形容詞**（性質や状態を表すことば）…最後の音が「い」。例 美しい 速い うれしい
・**形容動詞**（性質や状態を表すことば）…最後の音が「だ」。例 きれいだ 静かだ 豊かだ

(3) 終止形が「きれいだ」となるので、形容動詞。

(6) 終止形が「読む」となるので、動詞。

(7) 終止形が「美しい」となるので、形容詞。

(8) 終止形が「にぎやかだ」となるので、形容動詞。

(9) 終止形が「規則的だ」となるので、形容動詞。

(11) 終止形が「薄い」となるので、形容詞。

> 名詞と迷うときは、直前に「とても」をつけてみよう。「とても」がついても意味がわかるなら形容動詞だよ。

漢字道場⑨ (1) 厚　(2) 暑　(3) 熱　(4) 意外　(5) 以外

☆クイズタイム☆

海外のことわざクイズ第二弾。

次のことわざが、どんな故事成語にあたるか考えてみよう。

「鍋を見下ろすのはフライパン」（フランス）

答えは23ページにあるよ。

9 文法 ③

目標時間 10分

体言と用言

——部の品詞を、あとのア～エから選んで記号で答えよう。

(1) 今日は晴れているので、遠くに南アルプスの山々が見える。

(2) 去年の夏、ある飲食店の看板の制作を依頼された。

(3) この川はとてもきれいなので、魚が多く、カワセミもよく見かける。

(4) 私は、その珍しい形の建物に目を奪われた。

(5) 久しぶりに訪れた本屋は、昔と何一つ変わっていなかった。

(6) 新聞を読んでいた父が、弟に気付かれないように私に目配せした。

(7) 満天の星空は、言葉にできないほど美しかった。

(8) 山の中に入ると、ヒグラシがにぎやかに鳴いていた。

(9) 心臓は規則的なリズムで拍動し、血液を全身に送り出す。

(10) 地道な調査を重ね、隠されていた真実を明らかにする。

(11) 薄く小さな雲が、遠くに一つだけ浮かんでいた。

(12) ここには、電気やガス、水道も通っていない。

ア 動詞　　イ 形容詞　　ウ 形容動詞　　エ 名詞

- 22 -

漢字道場9 ——部のカタカナを漢字に直そう。

(1) 南極大陸はアツい氷に覆われている。

(2) この部屋はかなりアツい。

(3) 溶けた鉄はアツく輝いていた。

(4) 簡単そうに見えたが、イガイに難しかった。

(5) 理科イガイは点数がよかった。

(1) ア・カ (2) イ・ケ (3) エ・ク (4) ウ・ケ (5) オ・ク (6) イ・キ (7) ウ・コ
(8) ア・キ (9) オ・サ (10) ア・キ

活用の種類	語	語幹	未然形 （ナイ・ウ）	連用形 （マス・タ）	終止形 （。）	連体形 （トキ）	仮定形 （バ）	命令形 （命令する形）
五段活用	読む	よ	ま も	み ん	む	む	め	め
上一段活用	起きる	お	き	き	きる	きる	きれ	きろ きよ
下一段活用	植える	う	え	え	える	える	えれ	えろ えよ
カ行変格活用	来る	○	こ	き	くる	くる	くれ	こい
サ行変格活用	する	○	さ し せ	し	する	する	すれ	せよ しろ

動詞の活用の種類の見分け方

● 「ない」に続く形（未然形）に活用させる。

・五段活用……「ない」の直前の文字がア段になる。　　　　例　書く→書かない
・上一段活用…「ない」の直前の文字がイ段になる。（「する」を除く）　例　起きる→起きない
・下一段活用…「ない」の直前の文字がエ段になる。　　　　例　受ける→受けない

● 一語しかないので覚える

・カ行変格活用（カ変）…「来る」の一語。
・サ行変格活用（サ変）…「する」の一語。※「する」が他の言葉につくのったものもサ変動詞。
　　　　　　　　　　　　　　　　　　　　　　　　　　　例　成功する　愛する

(2)・(4)　「りと」「とき」という名詞（体言）に付いているので、連体形。

(8)・(10)　動詞が「て」や「た」に続く時は、連用形。ただし五段活用の動詞は元の連用形とは、違った音に変化するので注意（音便）。例　書きて→書いて　走りて→走って　読みて→読んで

（33ページを参照。）

漢字道場 10 (1) ひか (2) お (3) とな (4) じ (5) か

☆ちょっと一息☆

　ことばは長い歴史の中で、生まれたり、消えたり、変化したりしているんだ。例えば、「インターネットを使ってことばなどを検索する」という意味の「ググる」も、21世紀に入ってから生まれたことばだよ。
　語は変わるけど、「ググる」を文法的に見るとどうなるだろう。品詞について、動作を表すことばで、単独で述語になれるから動詞だよね。活用の種類は、「ググらない、ググります…」と活用することから、ラ行五段活用になるんだ。
　こんな新語にも品詞や活用の種類が当てはまるんだから、文法というのはよくできているね。

クイズ（21ページ）の答え　五十歩百歩（似たりよったりなこと）

10 文法④

動詞の活用

――部の動詞について、活用の種類と活用形をあとのア〜サから選んで、それぞれ記号で答えよう。

		活用の種類	活用形
(1)	昨日は外で遊ばなかった。	活用の種類 ☐	活用形 ☐
(2)	早く起きることは気持ちがいい。	活用の種類 ☐	活用形 ☐
(3)	向こうから車が来る。	活用の種類 ☐	活用形 ☐
(4)	日本語を教えるときに苦労した。	活用の種類 ☐	活用形 ☐
(5)	カレーのにおいがする。	活用の種類 ☐	活用形 ☐
(6)	寒いので、もう一枚服を着ます。	活用の種類 ☐	活用形 ☐
(7)	もっと早く寝ればよかった。	活用の種類 ☐	活用形 ☐
(8)	本を読んでいるうちに、すっかり暗くなった。	活用の種類 ☐	活用形 ☐
(9)	つまずかないように注意せよ。	活用の種類 ☐	活用形 ☐
(10)	そのとき彼は大声で笑っていた。	活用の種類 ☐	活用形 ☐

ア 五段活用　イ 上一段活用　ウ 下一段活用　エ カ行変格活用　オ サ行変格活用

カ 未然形　キ 連用形　ク 終止形　ケ 連体形　コ 仮定形　サ 命令形

- 24 -

漢字道場⑩ ――部の漢字の読みをひらがなで書こう。

(1)	卒業式を目前に控えていた。	☐
(2)	友人との別れを惜しむ。	☐
(3)	討論会で彼女の意見に異を唱える。	☐
(4)	世界新記録に挑む。	☐
(5)	彼らは優勝旗を掲げて行進した。	☐

1 (1) イ (2) ア (3) ア (4) ア (5) イ (6) イ

自立語

- ・動　詞・形容詞・形容動詞…21ページを参照。
- ・名　詞…人や物事の名前を表す。　　　　　　　　　　　　例 花 人 日本 二 来月
- ・副　詞…主に動詞や形容詞・形容動詞(用言)を修飾する。　例 ゆっくり かなり もし きらきら
- ・連体詞…名詞(体言)を修飾する。　　　　　　　　　　　　例 大きな 小さな おかしな あらゆる
- ・接続詞…前後の文や文節、単語をつなぎ、関係を示す。　　例 そして しかし つまり あるいは
- ・感動詞…感動や呼びかけ、あいさつなどに用いられる。　　例 おはよう おお ねえ はい いいえ

付属語

- ・助動詞…上の語について、その働きを助けたり、意味を加えたりする。(活用する)
  例 れる られる だ です らしい
- ・助詞…語と語の関係を示したり、意味を加えたりする。(活用しない)
  例 が は て に を だけ ので

2 (1) キ (2) ク (3) オ (4) オ (5) カ (6) エ (7) オ (8) ア (9) カ (10) ウ (11) コ (12) カ

(2)　助動詞と助詞は活用するかしないかで見分ける。「そうだ」は、「そうでない」「そうならば」などと活用するので、助動詞。

(3)・(4)・(7)　「とても」や「おらおら」「ちょっと」は活用せず、「元気な」「話す」「忙しい」という用言を修飾しているので、副詞。

(5)・(9)・(12)　活用がなく、直後の「問題」「店」「事態」という体言を修飾しているので、連体詞。(9)については、終止形が「小さい」になると考えて、形容詞だと勘違いする人が多いので要注意。形容詞「小さい」の連体形は「小さな」ではなく、「小さい」である。

> 「大きな」「小さな」「おかしな」は、すべて連体詞で要注意のこと。これらは暗記しておこう。

漢字道場⑪　(1) 急速 (2) 指摘 (3) 省略 (4) 豊富 (5) 根幹

☆クイズタイム☆

海外のことわざクイズ第三弾。
次のことわざが、日本のどんなことわざにあたるか考えてみよう。
「コックが多いと粥をだめにする」(ドイツ)

答えは29ページにあるよ。

11 文法 ⑤

自立語と付属語、品詞の種類

1 ——部が自立語ならばア、付属語ならばイの記号で答えよう。

(1) 先生が席を立たれる。 ☐

(2) 今日はかなり早く着いた。 ☐

(3) 来月には完成する。 ☐

(4) 昔のことを思い出す。 ☐

(5) なんとか間に合ったらしい。 ☐

(6) 危険なので、気をつけよう。 ☐

2 ——部の品詞を、あとのア〜コから選んで記号で答えよう。

(1) では、これはどうだろう。 ☐

(2) 今にも雨が降りそうだ。 ☐

(3) とても元気な子供。 ☐

(4) みんなでわいわい話す。 ☐

(5) この問題は難しい。 ☐

(6) 後ろに大きく回り込む。 ☐

(7) 今月は、ちょっと忙しい。 ☐

(8) 来月、京都に出張する。 ☐

(9) 小さな店に入っていく。 ☐

(10) 「えっ、そうかなあ。」 ☐

(11) 今朝はとても寒い。 ☐

(12) あらゆる事態を想定する。 ☐

ア 動詞	イ 形容詞	ウ 形容動詞	エ 名詞	オ 副詞
カ 連体詞	キ 接続詞	ク 感動詞	ケ 助動詞	コ 助詞

漢字道場 ⑪ ——部のカタカナを漢字に直そう。 ......

(1) キュウソクに勢力が弱まる。 ☐

(2) 誤りをシテキする。 ☐

(3) 住所をショウリャクして書く。 ☐

(4) ホウフな経験と知識を活用する。 ☐

(5) 組織のコンカンに関わる問題。 ☐

解答と解説 文法 ⑥

(1)	イ	(2)	エ	(3)	ア	(4)	エ	(5)	ア	(6)	カ	(7)	イ	(8)	カ	(9)	カ	(10)	イ
(11)	イ	(12)	ウ	(13)	ア	(14)	ア	(15)	ケ	(16)	イ	(17)	イ	(18)	ケ				

(1)・(2) 「重い」は形容詞。「重さ」は「重い」が名詞になったもの。

(3)・(4) 「流れる」は動詞。「流れ」は「流れる」が名詞になったもの。

(5) 「ある」は、存在するという意味の動詞。この反意語の「ない」は形容詞なので注意。

(6) 漠然と物事を指して使うときの「ある」は連体詞。「ある日」「ある人が」などと使う。

> 「大きな」「小さな」「おかしな」は、要注意の連体詞だよ。

(7) 終止形の最後の音が「い」なので、形容詞。

(8)・(9) 要注意の連体詞。活用がなく、体言を修飾している。形容詞の「大きい」「小さい」と間違えやすいが、形容詞であれば「大きい声」「小さい花」となる。

(11) 「暖かい」と、終止形の最後の音が「い」なので、形容詞。

(12) 連体形が「暖かな」になるのは形容動詞の「暖かだ」である。形容詞なら「暖かい気候」となる。

(13)・(14) 17ページの②でも勉強した、他の語について補助的な意味をそえる動詞の一つで、補助動詞とよばれる。活用も一般の動詞と変わらない。

(15) 「進まない」を「進まぬ」に変えても意味が通るので、打ち消しの助動詞の「ない」。

(16) 「ない」の前に「は」を入れても意味が通るので、形容詞の「ない」。

(17) 「ない」の前にすでに「は」が入っているので、形容詞の「ない」。

(18) 「冷めない」を「冷めぬ」に変えても意味が通るので、打ち消しの助動詞の「ない」。

漢字道場⑫ (1) あざ (2) けた (3) うなが (4) なが (5) おんけい

☆"かんたん"「ない」の見分け方☆

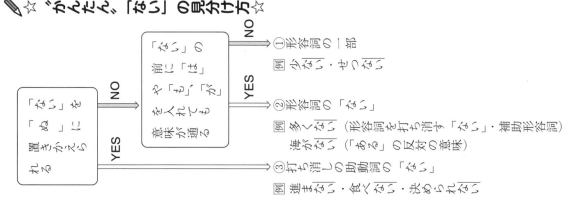

「ない」を「ぬ」に置きかえられる
- NO → 「ない」の前に「は」や「も」が入れても意味が通る
  - NO → ①形容詞の一部
    - 例 少ない・せつない
  - YES → ②形容詞の「ない」
    - 例 多くない（形容詞を打ち消す「ない」・補助形容詞）
      海がない（「ある」の反対の意味）
- YES → ③打ち消しの助動詞の「ない」
  - 例 進まない・食べない・決められない

※③の見分け方として、他に、
動詞を打ち消す「ない」
動詞の未然形につく「ない」
⇒ 打ち消しの助動詞の「ない」
という方法もある。

文法 ⑥

まちがえやすい品詞の見分け

——部の品詞を、あとのア〜コから選んで記号で答えよう。

(1) この荷物はかなり重い。 [　]

(2) 荷物の重さを量る。 [　]

(3) 水がゆっくりと流れる。 [　]

(4) いつもより流れが速い。 [　]

(5) ここに一枚の皿がある。 [　]

(6) それは、ある朝のことでした。 [　]

(7) こちらの方が大きい。 [　]

(8) 突然大きな声を出す。 [　]

(9) 小さな花が咲いている。 [　]

(10) 街が遠くに小さく見える。 [　]

(11) 家の中はとても暖かい。 [　]

(12) 冬でも暖かな気候。 [　]

(13) 洗濯物を干してある。 [　]

(14) 名前を聞いておく。 [　]

(15) なかなか前に進まない。 [　]

(16) そんなに多くない。 [　]

(17) 今は寒くはない。 [　]

(18) 冷めないうちに食べなさい。 [　]

ア 動詞	イ 形容詞	ウ 形容動詞	エ 名詞	オ 副詞
カ 連体詞	キ 接続詞	ク 感動詞	ケ 助動詞	コ 助詞

漢字道場 ⑫ ——部の漢字の読みをひらがなで書こう。………

(1) 鮮やかな色彩に目を奪われる。 [　]

(2) 背後に人の気配を感じる。 [　]

(3) 前に進むように促す。 [　]

(4) 展望台から遠くの景色を眺める。 [　]

(5) 景気回復の恩恵を受ける。 [　]

13 解答と解説　文法 ⑦

(1)	ウ	(2)	ア	(3)	エ	(4)	ウ	(5)	ア	(6)	イ

助動詞「れる・られる」の意味

① 受け身…他から動作や作用を受けること。人に～される。　　　例　母に怒られる。

② 尊敬…動作に尊敬の意味を加える。　　　例　先生が本を読まれる。

③ 可能…「～できる」という意味を表す。　　　例　苦手な物が食べられるようになった。

④ 自発…自然と心が動く様子を表す。　　　例　楽しかったことが思い出される。

格助詞「の」の識別

① 連体修飾語（体言（＝名詞）を修飾する語）を作る。　　　例　私の家　猫のひげ　赤色の花

② その文節が主語であることを表す。「が」に置きかえられる。　　　例　母の（＝が）作る料理

③ 直前の語につき、その語を体言と同じ資格にする（準体言助詞）。「こと」や「もの」に言いかえられる。
　　　例　車は青いの（＝もの）がいい。

「で」の識別

① 形容動詞の一部。前に「とても」を付けても意味が通じる。　　　例　（とても）静か穏やかな海。

② 格助詞（場所・手段・原因・理由などを表す）　　　例　学校で運動会がある。

③ 接続助詞　　　例　鳥が飛んでいく。

④ 断定の助動詞「だ」の連用形　　　例　吾輩は猫である。

(1) ア・イ・エは「受け身」。ウは「尊敬」。

(2) アは「自発」。自然とそうなるという意味。イ・ウ・エは「可能」。

(3) ア・イ・ウは連体修飾語を作る「の」。エはその文節が主語であることを示す「の」。

(4) ア・イ・エは連体修飾語を作る「の」。ウは準体言助詞の「の」。「運動することは」と言いかえられる。

(5) アは形容動詞「親切だ」の連用形の一部。イ・ウ・エは格助詞。

(6) ア・ウ・エは断定の助動詞「だ」の連用形。イは場所を示す格助詞。

漢字道場 ⑬

(1) 任　(2) 率　(3) 築　(4) 保護　(5) 発揮

☆クイズタイム☆

みんなは、「魚くん」の漢字がたくさん書かれた大きくて厚い湯のみを見たことあるかな？　お寿司屋さんで見たっていう人もいるかもしれないね。

というわけで、今回は魚くんの漢字クイズをやるよ。いくつ読めるかな？

1 鮎　2 鯨　3 鯵　4 鯛　5 鮪　6 鰯　7 鮭　8 鰻

答えは33ページにあるよ。

目標時間
10分

品詞・意味・用法の識別①（「れる」「られる」、「の」、「で」の識別）

次のア〜エの——部の中で、他とは品詞や意味用法が異なるものを一つ選んで記号で答えよう。

(1) ア 観光客に道をたずねられる。
イ 声が裏返って、聴衆に笑われる。
ウ 先生がこちらに来られる。
エ 虫に食べられた葉っぱ。

(2) ア 故郷のことが思い出される。
イ どんな体勢でも寝られる。
ウ このサイズの服なら着られる。
エ 簡単に答えられる質問。

(3) ア 私の趣味はピアノです。
イ 川の中州で釣りを楽しむ。
ウ 電車の音が遠ざかる。
エ 彼の描いた絵はすばらしい。

(4) ア 雨の日も雪の日も出かける。
イ 今日の夕焼けはとてもきれいだ。
ウ 運動するのは体によい。
エ 花火の美しさに思わず見とれる。

(5) ア 彼は親切で気がきく人だ。
イ 強風でフェリーが欠航になった。
ウ 昨日、図書館で本を借りた。
エ 自転車で買い物に行った。

(6) ア あれは銀行で、こっちが市役所だ。
イ 近所の砂浜で海水浴を楽しんだ。
ウ 彼は学生で、来年卒業する。
エ 昨日は雨で、雷も鳴った。

漢字道場⑬ ——部のカタカナを漢字に直そう。

(1) 委員長に司会をマカせる。

(2) 新チームをヒキいる。

(3) よい伝統をキズく。

(4) 環境をホゴするための活動。

(5) 自分の力を最大限にハッキする。

(1)	(2)	(3)	(4)	(5)	(6)
エ	ウ	イ	イ	ア	エ

(1) ア・イ・ウは「ない」を「ぬ」に変えても意味が通るので、打ち消しの助動詞の「ない」。エは「ない」の前に「は」を入れても意味が通るので、形容詞の「ない」。

(2) ア・イ・エは「ない」を「ぬ」に変えても意味が通るので、打ち消しの助動詞の「ない」。ウは形容詞「情けない」の一部。「少ない」「あどけない」など形容詞の一部に「ない」を含むことはよくひっかけ問題で出るので注意しよう。27ページの表も参照。

(3) イは形容詞の「ない」で、ア・ウ・エは打ち消しの助動詞の「ない」。動詞を打ち消す「ない」は助動詞。「ない」を「ぬ」に変えても意味が通るなら助動詞という見分けかたは、ウのように少し分かりにくいものもある。

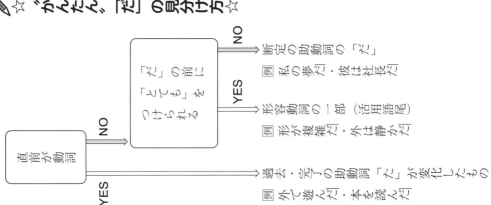

（吹き出し）「ない」の識別はきちんと出るので、しっかり覚えておこう。

(4) ア・ウ・エは断定の助動詞の「だ」で、イは形容動詞の一部。「だ」が形容動詞の一部であれば、前に「とても」を付けられる。ア・ウ・エは直前が動詞ではなく前に「とても」を付けられないので、断定の助動詞。左の表も参照。

(5) アは断定の助動詞の「だ」で、イ・ウ・エは過去や完了の助動詞「た」が音便を受けて「だ」に変化したもの。音便については33ページを参照。イ・ウ・エは直前が動詞なので、過去や完了の助動詞だとわかる。アは直前が動詞ではなく、前に「とても」を付けられないので、断定の助動詞だと分かる。左の表も参照。

(6) ア・イ・ウは形容動詞の一部で、エは断定の助動詞の「だ」。「だ」が形容動詞の一部であれば、前に「とても」を付けられる。ア・イ・ウはそれぞれ「とても穏やかだ」、「とてもみごとだ」、「とても急だ」と、「とても」が付けられるので形容動詞の一部。一方、エは直前が動詞ではなく、前に「とても」を付けられないので、断定の助動詞だと分かる。左の表も参照。

漢字道場14　(1) しゅこう　(2) じゅんしゅ　(3) かんあく　(4) しっつい　(5) まさ

☆かんたん「だ」の見分け方☆

直前が動詞
- NO → 「だ」の前に「とても」をつけられる
  - NO → 断定の助動詞の「だ」　例 私の夢だ・彼は社長だ
  - YES → 形容動詞の一部（活用語尾）　例 形が複雑だ・外は静かだ
- YES → 過去・完了の助動詞「た」が変化したもの　例 外で遊んだ・本を読んだ

文 法 ⑧

品詞・意味・用法の識別②（「ない」・「だ」の識別）

次のア～エの――部の中で、他とは品詞や意味用法が異なるものを一つ選んで記号で答えよう。

(1)
ア 読め<u>ない</u>漢字が出てきた。
イ あとで慌て<u>ない</u>ように準備しておく。
ウ まだ美容院には行か<u>ない</u>。
エ 今日はさほど暑く<u>ない</u>。

□

(2)
ア 冷め<u>ない</u>うちに食べなさい。
イ どう変わったのかくわしく知ら<u>ない</u>。
ウ 情け<u>ない</u>ことを言うな。
エ 今でも忘れられ<u>ない</u>光景。

□

(3)
ア 冒頭の部分がよく理解でき<u>ない</u>。
イ まだそんなに暗く<u>ない</u>。
ウ 傷のついてい<u>ない</u>リンゴを探す。
エ バスがなかなか来<u>ない</u>。

□

(4)
ア それは私の消しゴム<u>だ</u>。
イ 目的地までの道順は複雑<u>だ</u>。
ウ 作家になるのが私の夢<u>だ</u>。
エ プールがある場所は屋外<u>だ</u>。

□

(5)
ア これは熊がつけた爪のあと<u>だ</u>。
イ 私は図書館へと急い<u>だ</u>。
ウ 昨日は友達の家で遊ん<u>だ</u>。
エ その本は読ん<u>だ</u>ことがある。

□

(6)
ア 今日は波が穏やか<u>だ</u>。
イ 外観<u>だ</u>けでなく、内装もみごと<u>だ</u>。
ウ この階段はとても急<u>だ</u>。
エ 彼はとても腕の良い職人<u>だ</u>。

□

漢字道場 14 ――部の漢字の読みをひらがなで書こう。

(1) 秀逸な作品に出会う。

□

(2) 交通規則を遵守する。

□

(3) 説明の一部を割愛する。

□

(4) 無理を承知でお願いする。

□

(5) ごみに紛れてしまう。

□

15 解答と解説　文法⑨

(1) エ　(2) イ　(3) ア　(4) エ

難しいけど、ここがふんばりどころ。ここがわかり覚えれば品詞の問題は得点源になるよ。

(1) 「手紙を書かない」の「ない」は、打ち消しの助動詞の「ない」。エも同様。ア・イは形容詞の「ない」、ウは形容詞「少ない」の一部。27ページの表も参照。

(2) 「彼の作った作品だ」の「だ」は、直前が動詞ではないので、断定の助動詞か形容動詞の一部だと分かる。「だ」が形容動詞の一部であれば、前に「とても」を付けられるが、「彼の作ったとても作品だ」では意味が通らないので、形容動詞の一部ではなく、断定の助動詞の「だ」。イも同様。ア・エは直前が動詞なので、過去や完了の助動詞「た」が「楽しん」「飛ん」(音便)を受けて変化したもの。音便については左の表も参照。ウは形容動詞「静かだ」の一部。31ページの表も参照。

(3) 「複雑で」の「で」は、前に「とても」を付けられるので、形容動詞「複雑だ」の一部。アも同様。イは、直前が場所を示すことばなので、場所を示す助詞の「で」。ウは、断定の助動詞「だ」の連用形。エは、「飛ん」(音便)を受けて接続助詞の「て」が変化したもの。音便については左の表も参照。

(4) 「起きられます」の「られ」は、助動詞「られる」の連用形で、「〜できる」という可能の意味で使われている。エも同様。アは、コーチからほめられたのだから受け身の意味。イは、動詞「帰れる」(可能動詞・下一段活用)の一部。ウは、みんなから愛されるのだから、受け身の意味。

漢字道場15　① 染　② 散策　③ 故障　④ 構成　⑤ 浴

☆音便ってなあに?☆

五段活用の動詞が「て」や「た」に続くときに活用語尾が変化することを音便というよ。

例　①書きて→書いて　書きた→書いた (活用語尾が「い」に変わる)
　　②走りて→走って　走りた→走った (活用語尾が「っ」に変わる)
　　③読みて→読んで　読みた→読んだ (活用語尾が「ん」に変わる)

③のように「て」や「た」の前が「ん」の場合は、「て→で」「た→だ」と変化する。これらは「で」や「だ」の識別でもよく出てくるよ。

クイズ(29ページ)の答え　1 あゆ　2 くじら　3 あじ　4 たい　5 まぐろ
6 いわし　7 さけ　8 うなぎ

品詞・意味・用法の識別③　応用問題

次の各文の——部と同じ用法のものを、それぞれア〜エから選んで記号で答えよう。

(1) メールを使うようになってからは、手紙を書か<u>ない</u>。

ア　そんなことをするのはよく<u>ない</u>。
イ　想像していたほどには大きく<u>ない</u>。
ウ　今年の夏は雨が少<u>ない</u>。
エ　この食器は落としても割れ<u>ない</u>。

[　]

(2) これが、彼の作った作品<u>だ</u>。

ア　遊園地で一日中楽しん<u>だ</u>。
イ　これは新潟産のコシヒカリ<u>だ</u>。
ウ　このあたりはとても静か<u>だ</u>。
エ　彼はすぐに北海道に飛ん<u>だ</u>。

[　]

(3) あそこの道は複雑<u>で</u>、まるで迷路のようだ。

ア　彼は明るく、元気<u>で</u>ある。
イ　駅前<u>で</u>友人が来るのを待つ。
ウ　この仏像は国宝<u>で</u>ある。
エ　遠くを渡り鳥が飛ん<u>で</u>いる。

[　]

(4) 目覚まし時計があれば起き<u>られ</u>ます。

ア　試合のあと、コーチにほめ<u>られ</u>た。
イ　ここまで来れば自分で帰<u>れ</u>るよ。
ウ　みんなに愛さ<u>れ</u>る性格の持ち主。
エ　そんなに簡単には変え<u>られ</u>ない。

[　]

漢字道場⑮　——部のカタカナを漢字に直そう。

(1) 野山が新緑にソまる。
(2) 近所にある公園をサンサクする。
(3) 愛用していたバイクがコショウする。
(4) この論文は、三つの章でコウセイされている。
(5) 夏の日差しを長時間アびる。

16 解答と解説 文法⑩

２ **１** (1)ア (2)ウ (3)イ (4)ア (5)イ (6)ウ (7)ア (8)ア
(5)(1)お帰りになる (2)ご覧になる (3)くださった (4)いただいた〔ちょうだいした〕
(6)参ります〔うかがいます〕
(5)ご連絡します〔ご連絡いたします・ご連絡さし上げます〕

敬語の種類

尊敬語…話し手が、聞く相手や、話題に出てくる人の動作を高めて言うことで、相手に敬意を表す。
　①尊敬の意味を持つ動詞を使う(尊敬動詞)　　　　例　おっしゃる(※敬語一覧表も参照)
　②「お〜になる」「お〜なさる」「お〜くださる」の形。　例　お聞きになる／ご説明くださる
　③助動詞の「れる」「られる」を用いる。　　　　　例　書かれる／話される

謙譲語…話し手が、自分や自分側の動作を下げる(へりくだる)ことで、相手に敬意を表す。
　①謙譲の意味を持つ動詞を使う(謙譲動詞)　　　　例　申し上げる(※敬語一覧表も参照)
　②「お(ご)〜する」の形。　　　　　　　　　　　例　お持ちする／ご連絡する
　③「お(ご)〜いただく」「お(ご)〜申し上げる」の形。　例　お待ちいただく／お届け申し上げる

丁寧語…話し手が丁寧に言うことで、聞き手に敬意を表す。
　①「ございます」を使う。　　　　　　　　　　　例　他にもございます(「ある」の丁寧語)
　②助動詞の「です」「ます」を用いる。　　　　　例　私の娘です／見ます

漢字道場16

(1)すると (2)したがい (3)しれい (4)とどこお (5)ちせい

✎☆覚えておきたい敬語一覧表☆

普通動詞	尊敬動詞	謙譲動詞
言う	おっしゃる	申す・申し上げる
見る	ご覧になる	拝見する
する	なさる	いたす
食べる・飲む	召しあがる	いただく
もらう		
行く・来る	いらっしゃる	うかがう・参る
いる	いらっしゃる	おる
着る	お召しになる	
与える		さしあげる
くれる	くださる	
会う		お目にかかる
思う		存じる

「お客様」「お手紙」「ごりっぱ」などの「お」や「ご」をつけた言葉も敬語になります。

目標時間 15分

敬語

1 次の——部の敬語の種類を、あとのア〜ウから選んで記号で答えよう。

(1) 先生が<u>お聞きになる</u>。 ☐

(2) 今日は外で<u>遊びます</u>。 ☐

(3) 本を<u>さしあげる</u>。 ☐

(4) 今は仙台に<u>いらっしゃる</u>。 ☐

(5) お礼を<u>申し上げた</u>。 ☐

(6) その写真に<u>うつっています</u>。 ☐

(7) 状況を<u>説明してくださる</u>。 ☐

(8) 夕食を<u>召しあがる</u>。 ☐

ア 尊敬語　　　イ 謙譲語　　　ウ 丁寧語

2 次の——部を、（　）内の指示にしたがって適切な敬語表現に改めよう。

(1) お客様が<u>帰る</u>。（「れる」を使わないで尊敬語にする）

(2) 映画を<u>見る</u>。（「られる」を使わないで尊敬語にする）

(3) 先生が貴重な資料を<u>くれた</u>。（尊敬語にする）

(4) お土産を<u>もらった</u>。（謙譲語にする）

(5) 明日、<u>連絡します</u>。（謙譲語にする）

(6) 私の両親がそちらに<u>行きます</u>。（謙譲語にする）

漢字道場16　——部の漢字の読みをひらがなで書こう。

(1) 肉食動物の<u>鋭</u>い歯。 ☐

(2) 動かぬ証拠を突き<u>つけられる</u>。 ☐

(3) <u>示唆</u>に富んだ発言。 ☐

(4) 入学式は滞りなく行われた。 ☐

(5) 表現が稚拙だ。 ☐

解答と解説

(1)	4	(2)	部分が	(3)	ア	(4)	連体詞	(5)	1

(1) 「ネ」を入れると、「全く／ネ＼予想も／ネ＼しなかった／ネ＼こと」と切れる。

(2) 「二次的な」とそれに続く「あまり本質的でない」は、どちらもどのような「部分」なのか説明している。よって、「二次的な」は「部分が」を修飾している。

(3) 「貴重な」を終止形にすると「貴重だ」になる。終止形が「だ」となるので、形容動詞である。イ〜エもそれぞれ「元気だ」「にぎやかだ」「緩やかだ」と終止形が「だ」となるので、形容動詞である。アは、活用せず、「やり方」という体言を修飾しているので、連体詞。

(4) 「小さな」は、形容詞と間違えやすい連体詞の一つ。形容詞「小さい」が
「ノート」に接続するとき（連体形）は、「小さいノート」となる。

(5) 「しれない」と1の「ない」は、「ない」を「ぬ」に変えても意味が通るので、打ち消しの意味を表す助動詞「ない」である。2は「ない」の前に「は」を入れても意味が通るので、形容詞の「ない」。3は、形容詞「あじけない」の一部。4は、「ない」の前にすでに「が」が入っているので、形容詞の「ない」。27ページの表も参照。

☆勉強のコツ☆

　当たり前かもしれないけど、難しい問題で一点とっても、漢字の書き間違いで一点引かれると帳消しになっちゃうよね。

　問題を解く力はあるのに意外なところで損をしているという受験生はけっこう多いんだ。次のことに気をつけるだけでも点数が上がるかも。

①文字をていねいに書こう（特に漢字の書き取りの問題などは注意しよう）

②問題文をしっかり読もう（字数制限や「漢字で書く」という指示に気づかない「うっかり」や、人名を答えなさいというところなのに作品名を答えるといった「勘違い」はけっこう多いよ）

③消す時はちゃんと消そう（前に書いた文字が消えきらず、後で書いたものに重なっていると×になるかも。特に漢字の書き取りの問題などは気をつけよう）

　こうした注意点は、テストのときだけ気をつけようとしてもなかなかうまくいかないので、ふだん問題を解くときや日常生活の中でも心がけよう。

次の各問いに答えよう。

(1) 「全く予想もしなかったこと」は、いくつかの文節に区切ることができますが、文節の数を算用数字で書きなさい。 **やや難**

(2) 次の文章の――線部「二次的な」が修飾している一文節を、文中からそのまま抜き出して書け。 **やや難**

> 作業を繰り返すうちに、頭がだんだんと整理され、二次的な、あまり本質的でない部分がそぎ落とされ、問題の本質が煮詰まっていくのです。

(3) 「貴重な」と異なる品詞のものを、次のア～エから一つ選び、記号で答えなさい。 **ふつう**

 ア いろんなやり方を試す。　　イ 元気な声で返事をする。

 ウ にぎやかな通りを歩く。　　エ 緩やかな放物線を描く。

(4) 「小さなノートを取り出す」の「小さな」の品詞名を書け。 **やや難**

(5) 「案外、足は大きいかもしれない。」の「ない」は、次の1～4のうち、どの「ない」と同じ使われ方をしているか。同じ使われ方をしているものを一つ選んで、その番号を書け。 **難しい**

 1 彼はまだ戻ってこない。　　2 この部屋は明るくない。

 3 その笑顔はあどけない。　　4 今まで見たことがない。

（※問題文の語尾などは、実際の試験の表現をそのまま使っています。）

解答と解説

(1) イ　(2) イ　(3) ウ　(4) 教えてくださる

(1) 「掛けられた」の「られ」は、助動詞「られる」の連用形で、受け身の意味を表している。

　　ア〜エは、すべて助動詞の「られる」なので、品詞は同じ。アは「自然と〜される」ということを表しているので、自発の意味。イは、受け身の意味。ウは「〜できた」ということを表しているので、可能の意味。エは「先生」に対する敬意を表しており、尊敬の意味。

(2) 「自動車で」の「で」は、「〜によって」という意味を表しているので、手段を示す助詞。

　　アは、前に「とても」を付けられるので形容動詞「平和だ」の一部。イは「〜によって」という意味を表しているので、手段を示す助詞。ウは、助動詞「ようだ」の一部。エは、動詞の連用形「飛ん」（音便）を受けて、接続助詞の「て」が変化したもの。

(3) 「開け」を「ない」に続くように活用させると、「開けない」となり、「ない」の直前の文字がエ段になる。よって、「開け」は下一段活用の動詞。

　　ア〜エも「ない」に続くように活用させると、「見ない」（上一段活用）「勉強しない」（サ行変格活用）「出ない」（下一段活用）「話さない」（五段活用）となる。

> サ変動詞は「ない」を付けると直前の文字がイ段になるので、上一段動詞と間違えないように気をつけよう。

(4) 「くれる」の尊敬語は「くださる」である。よって、「教えてくださる」となる。

☆勉強のコツ☆

　品詞分けをするときに、一番特徴を捉えにくいのが副詞じゃないかな。

　例えば、「終止形がウで終わる」というような特徴もないし、連体詞のように「体言を修飾する」みたいにはっきりとした役割分担があるわけでもない。しかも、とても種類が多い。

　だから、副詞は消去法で判断するのが一番かんたんなんだよ。「形容詞にもあたらないし、連体詞でもない」というようにしぼっていって、他にあてはまる品詞がなければ副詞ということにすればいいんだよ。

☆ちょっと一息☆

　9ページで、意味を間違えやすい表現として「役不足」を取り上げたよね。同じように、「敷居が高い」ということばも本来の意味とは違う意味で使われることが多いんだ。

　「敷居が高い」は本来、「不義理などをして、その人の家に行きにくい」という意味なんだけど、「店などが高級すぎて行きにくい」という意味で使われることが増えてきた。どちらの意味で使っても、敷居は物理的には簡単にまたげるので、気持ちの面でハードルが高いことをうまく表現しているね。

次の各問いに答えよう。

(1) 次の文の──線部「掛けられた」の「られ」と同じ働きのものを次から一つ選び、その記号を書け。　[やや難]

> 網を掛けられた、白いゴールポスト。

ア　春の気配が感じられた。
イ　手伝いをして母にほめられた。
ウ　難問にやっと答えられた。
エ　先生が退職を迎えられた。

(2) 次の──部「で」と、同じ意味（働き）で使われている「で」を含む文を、あとのア〜エの中から一つ選び、その記号を書きなさい。　[難しい]

> 昨日、自動車で家族と牧場に出かけた。

ア　日本は平和である。
イ　やかんでお湯を沸かす。
ウ　彼は疲れていたようである。
エ　シラコバトが飛んでいる。

(3) 次の（例）に示した「開け」と活用の種類が同じ動詞を、あとのア〜エから選びなさい。　[やや難]

> （例）わたしは、窓を開けた。

ア　わたしは、今朝、飛行機雲を見た。
イ　わたしは、環境問題について勉強した。
ウ　わたしは、昨日、午前八時に家を出た。
エ　わたしは、修学旅行の計画について話した。

(4) 傍線部の中の「くれる」を、「指導員の方」に対する敬意を表す表現にしたい。「くれる」を敬意を表す表現に言い換え、傍線部を書き直しなさい。　[やや難]

> 指導員の方が教えてくれるので、誰でも失敗なくできます。

（※問題文の語尾などは、実際の試験の表現をそのまま使っています。）

17 解答と解説 読解①

1 イ （まはら三桃『たまうを持つように』講談社による）

　直前の段落の「どこに行っても、周りから浮いてしまう」「居心地が悪かった」という内容に対し、後の段落では「射場にくれば、誰からもとがめられない」「賞賛もらえた」と、逆の内容がきている。よって、逆接の接続詞「だけど」が入る。

2 ウ （西成活裕『逆説の法則』新潮選書刊による。）

　空欄①の前には、筆者が学生時代に「世界史の勉強をあまりしなかった」ことと、大人になって世界史を勉強するのは大変であることが書かれている。それなのに「世界史の知識は必須」であると後に続く。前の内容から予想されるのとは異なる内容が続いているので、空欄①には、逆接の「しかし」が入る。

　また、「世界史の知識が必須である」ことが、空欄②の後の、筆者が今、世界史の勉強をしている理由になっているので、空欄②には「そのため」が入る。

接続詞の問題は、空らんの前に書いてある内容と、直後に書いてある内容の関係を考えれば解けるよ。

漢字道場⑰ ① 吟味 ② 貯蔵 ③ 貴重 ④ 容易 ⑤ 維持

☆ちょっと一息☆

　みんなは「ら抜き言葉」って知ってるかな？

　「もう食べれない」なんてよく言うけど、正しく助動詞を使うと「もう食べられない」となるんだ。「食べれない」は、本来は必要な「ら」という音が抜けているから「ら抜き言葉」って言うんだよ。

　じゃあ、「走れる」はどうだろう？「走る」に助動詞「れる」を付けると「走られる」となる。すると、「走れる」という言い方は間違いかと言うと、実はどちらも文法的に正しいんだ。

　なぜかというと、「走る」という動詞とは別に「走れる」という動詞があるからなんだ。「帰れる」もそうで、これらは「〜することができる」という意味を表すから、「可能動詞」というんだ。五段活用をする動詞に「れる」が付いた「走られる」「帰られる」が変化したものと言われ、五段活用の動詞からしか作れないよ。「走る」は五段だ、「走れる」は下一段と、活用も違うんだ。日本語は難しいね。

接続詞

1 次の文章の空欄に入る適切な接続詞を、あとのア〜エから選んで記号で答えよう。

> 実良は小さいころから、トラブルメーカーだった。どこに行っても、周りから浮いてしまう。教室も家もうんざりするくらい、居心地が悪かった。
>
> □、射場にいれば、誰からもとがめられない。都合の良いことに、自分には弓道のセンスがあった。セーフティゾーンに逃げこめるだけじゃなくて、賞賛ももらえた。
>
> （弓道の練習などをする場所）

ア すると　　イ だけど　　ウ また　　エ なぜなら　　□

2 次の文章の空欄に入る接続詞の組み合わせとして適切なものを、あとのア〜エから選んで記号で答えよう。

> 私が今大変後悔しているのは、大学入試科目で地理を選択したため、世界史の勉強をあまりしなかったことである。世界史は暗記だけでなく、因果関係を解いていく必要があり、後で勉強するのは本当に時間がかかるし、なかなか年代や人名などを昔のように覚えられるものではない。 ① 今や学会で世界中を飛び回ることになり、様々な国の研究者と会話する際に世界史の知識は必須である。 ② 、訪問前にいつも苦労して高校生が読む参考書などを少し勉強しているのだ。

ア ①だが　　②あるいは　　　　イ ①ただし　　②なぜなら

ウ ①しかし　②そのため　　　　エ ①むしろ　②たとえば　　□

漢字道場17 ——部のカタカナを漢字に直そう。

(1) よくギンミして採用する。

(2) 食物をチョゾウしておく。

(3) キチョウな資料を見せてもらう。

(4) この問題はヨウイに解決できる。

(5) 健康をイジするための秘訣を教わる。

解答と解説　読解②

① 学んでいる　② 「教育」ということば

（汐見稔幸『ぼくたちの今―岩波ジュニア新書を読む』所収「『学び』の場はどこにあるのか」岩波ジュニア新書による）

　理由について問われたら、本文中の「**だから**」や「**そのため**」「**ので**」「**から**」「**ため**」などのことばに着目する。ただし、理由を表す文章全てについているわけではないので、文のつながりを考えながら探していこう。

「理由を書きなさい」という問題では、最後に「から」や「ため」を付けるようにしようね。

　指示語が指す内容は、その直前にあることがほとんどである。難しい問題では、直前の段落全体で言っていることをまとめて答えなければならないものもある。

　答えになる部分が見つかったら、指示語の部分をその答えに変えてみて、意味が通るか確かめよう。

⑴　——部①の2行後の「**ため**」ということばに着目する。——部①の直後の「これ」が指すのは、「学ぶ」とか「学び」とかいうことばが最近よく使われる」ことであり、この現象は「学んでいる側に視点を置いて考えてみよう」という主張が強くなってきた**ため**」に起こっているのだと説明している。

⑵　「のことば」とあるので、何らかの「ことば」を指していることが分かる。続いて「最初に教える」という漢字がきてその後に「育つ」という漢字がくるという構造になっていて」と説明されているので、——部②が指すものは「教育」ということばだと分かる。

漢字道場18
⑴ しっれい　⑵ けっだん　⑶ おちい　⑷ こがら　⑸ はあく

✏☆勉強のコツ☆

　読解問題と聞くと、文章を隅から隅まで理解した上で答えるものだと思いがちだけど、実際にはそこまでしなくても解ける問題がけっこう多いんだよ。

　例えば、接続詞の空欄補充の問題は、空欄の前後の内容を見れば解けるし、「傍線部のように言える理由を説明しなさい」というような問題でも、傍線部と理由を書いている部分が何段落も離れているということはまずないんだ。難しい言葉やよく分からない部分が出てきてもあきらめずに、解けそうなところから考えてみよう。

☆クイズタイム☆

　漢字自体は難しくないのに、読めない漢字というのもあるよね。今回は国名と地名のクイズだよ。

　昔は、外国の名前を漢字で表していたんだ。たとえば、アメリカは「亜米利加」と書いていたんだ。アメリカを表す「米」は今でもよく使われていて、「日米同盟」「米国」なんて言うよね。

　今回のクイズはかなり難しいぞ。いくつ読めるかな？

1　英吉利　　2　仏蘭西　　3　独逸　　4　白耳義　　5　巴里　　6　伯林

答えは45ページにあるよ。

18 読解 ②

指示語・理由

次の文章を読んで、あとの問いに答えよう。（字数指定があるものは、句読点や記号も字数に含める）

> 「学ぶ」とか「学び」とかいうことば[①]が最近よく使われる。これは教育学という学問のなかで、これまでのように教える側を中心に教育という営みを考えるのをやめて、学んでいる側に視点を置いて考えてみようという主張が強くなってきたためだ。
>
> 私たちは「教育」ということばをあたりまえのように使っている。けれども、このことば[②]は、最初に「教える」という漢字がきて、その後に「育つ」という漢字がくるという構造になっていて、まるで「教育」なる営みは、誰かが誰かにまず「教え」なければ成立しないというような感覚を人に与えてしまうという性格をもっている。

(1) ――部①「『学ぶ』とか『学び』とかいうことばが最近よく使われる」とあるが、その理由が最もよく表れている部分を三十五字以内で抜き出し、その最初の五字を書こう。

（解答欄）

(2) ――部②「このことば」が指すものを、本文中から十字で抜き出して書こう。

（解答欄）

漢字道場 18 ――部の漢字の読みをひらがなで書こう。

(1) 学問を奨励する。

(2) 神社の境内を案内してもらう。

(3) スランプに陥る。

(4) 夕食の支度で忙しい。

(5) パーティーの参加人数を把握する。

19 解答と解説　読解 ③

(1) 自分用のメニュー　(2) こんな　（まはら三桃『鉄のしぶきがはねる』講談社による）

指示語の部分に、答えになる部分をあてはめて確かめよう。

(1) 直前に「基礎練習」とあるが、これは、その一文前の「自分用のメニュー」に書かれていた練習の具体的な内容。「そこ」に「自分用のメニュー」をあてはめ、「自分用のメニューには新しい項目はなかった」としてみると意味が通じる。

(2) 小説や物語の場合は、登場人物の気持ちを読み取らなければならない問題が多い。心が不満だったのは、原口から渡された練習メニューの中に、新しい項目がなかったから。なぜ新しい練習メニューがないことを不満に思ったかというと、「こんなにも意欲はあるのに、それを発揮する手立てがない」と感じたからである。

本文の前に、登場人物や場面の説明がある場合は、しっかり読もう。問題を解くための重要な情報が書かれていることもあるよ。

漢字道場 19　①対象　②対照　③対称　④臨　⑤望

✎ ☆勉強のコツ☆

今回は、読解問題の答えを書くときの注意点を取り上げるよ。次の三つはぜったい覚えておきたいルールだよ。

① 作文以外の問題の答えは、解答欄の一番上のマス目に「、」や「。」を書いても大丈夫。逆に、文字と「、」や「。」を一つのマス目に入れるのはルール違反だから、気を付けよう。

② 聞かれている内容によって、答えの語尾を変えるよ。
- 理由を問われたら……「〜から。」「〜だから。」「〜ので。」と答える。
- 「どういうことか」と問われたら……「〜ということ。」と答える。

③ 「〜ですか」とていねいに問われても、「〜いいです。」「〜しています。」など、ていねいに答えなくてもいいんだよ。「〜いい。」「〜している。」と、ふつうの形で答えるよ。

クイズ（43ページ）の答え　1 イギリス　2 フランス　3 ドイツ　4 ベルギー
5 パリ　6 ベルン

指示語・理由

次の文章を読んで、あとの問いに答えよう。（字数指定があるものは、句読点や記号も字数に含める）

> 工業高校の女子生徒三郷心は、「ものづくり研究部」に所属している。心は、先輩の原口、同級生の吉田、亀井たちとともに「高校生ものづくりコンテスト」を目指して練習を重ねている。

　吉田も亀井も練習に励み始めた。原口はそんな二人のために、練習メニューをつくってやった。心にも専用のメニューが配られた。

　自分用のメニューを見た時、正直目を疑った。基礎練習。①そこには新しい項目はなかった。メニューどおりの練習を始めたが、②心は大いに不満だった。こんなにも意欲はあるのに、それを発揮する手立てがない。心はふと思い当たった。もしかしたら、自分がめきめきと腕を上げているのが原口は悔しいのではないだろうか。そんなふうに思うと、原口の切れ長の目が、意地悪そうにゆがんで見える。

— 46 —

(1) ——部①「そこ」が指すものを、本文中から抜き出して書こう。

（空欄）

(2) ——部②「心は大いに不満だった」について、その理由が最もよく表れている一文を抜き出し、その最初の三字を抜き出して書こう。

（空欄）

漢字道場 19 ——部のカタカナを漢字に直そう。

(1) 新成人をタイショウとする意識調査。

（空欄）

(2) タイショウ的な性格の姉妹。

（空欄）

(3) 左右タイショウな図形。

（空欄）

(4) 体調を整えて試合にノゾむ。

（空欄）

(5) ノゾみどおりの展開になった。

（空欄）

解答と解説

1 ウ　（山崎正和『世界文明史の試み―神話と舞踊』中央公論新社による）

① 空欄①の後では、ホビー（趣味）においても「作品には質的な高さが要求され、作業は苦しい緊張を強いられる」ことを当然のことと考えているので、「もちろん」が適する。

② 芸術制作の場合も「作業は苦しい緊張を強いられる」が、このような一見すると不ガティブな要素も、どちらかといえば「現在の充実をもたらしている」と考えているのだから、「むしろ」が適する。

接続詞の問題では、他に、逆接の接続詞（しかし・だが・ところが　など）を入れる問題がよく出るよ。前の内容とは反対の内容を続ける時に使うから、わかりやすいよね。他によく出題されるのが「たとえば」。前に近くだとの具体例をあげて、わかりやすく説明するときに使うよ。

2 原文を完全に再現すること　（外山滋比古『異本論』ちくま文庫による）

少しレベルは高いが、指示語の問題に近い設問である。

傍線①の直後に「（翻訳したものは）かならず、もとの表現との間にすれを生じている」とある。この部分が、傍線①を含む「あるがままの翻訳というものはない」を言い換えているので、「あるがままの翻訳」とは、「もとの表現との間にすれを生じている」翻訳ではないものになる。よって、「原文を完全に再現すること」となる。

✎☆勉強のコツ☆

　読解問題を解くときは、設問に答えるために文章を自分なりに解釈するよね。ここで重要になるのが、この「自分なりの解釈」がどれくらい正しいかを確認することなんだ。

　答え合わせをした後は、間違えていた場合はもちろん、答えが合っていたとしても、必ず解説を読もう。問題集の解答・解説には、論説文の正しい読み取り方や、小説や物語を深く味わうためのヒントがいっぱい含まれているんだ。解説を読めば、文章を正しく読んで設問に正しく答えるためのコツが分かってくるよ。そのちょっとしたコツをつかめば、もっと読解問題が得意になるよ。

1　次の文章を読んで、あとの問いに答えなさい。

　ホビーとしての手仕事は多岐にわたるが、木工、金工、料理、裁縫、機械製作にいたるまで、どれをとっても作品はつねに一品製作に終わり、しかもその一品の完成が最終目的とされるのが通常である。いいかえば作業は目的と手段の無限連鎖から離れ、その過程それ自体が目的とされていることは明らかである。　①　作品には質的な高さが要求され、作業は苦しい緊張を強いられるが、それは芸術制作の場合も同様であり、　②　この緊張が現在の充実をもたらしていると考えられる。現に多くの芸術活動そのものが素人によってホビーとして愉しまれているが、これはホビーの本質を裏側から証明するものだろう。

問　空欄①・②に入ることばの組み合わせとして適切なものを、次のア〜エから一つ選んで、その符号を書きなさい。

ア　①たとえ　②さらに　　　　イ　①たしかに　②なぜなら

ウ　①もちろん　②むしろ　　　エ　①すなわち　②まして

2　次の文章を読んで、あとの問いに答えなさい。

　外国語を知らない人にとって、その意味をしるには翻訳を必要とする。翻訳は自国語で外国語の意味を近似値的にとらえようとする作業である。原文忠実などと言うけれども、翻訳に①あるがままの翻訳というものはない。かならず、もとの表現との間にずれを生じている。原文を完全に再現することを求めるならば、翻訳は理論上は不可能になってしまう。これまでもそういう不可能説がおりにふれて提出されてきた。ところが、実際はさかんに翻訳が行われている。

問　傍線①「あるがままの翻訳」とあるが、何を、どうすることか。文章中から抜き出しなさい。

（※問題文の語尾などは、実際の試験の表現をそのまま使っています。）

(1) べくにべう	(2) おおく
(3) まどわせる	(4) ようよう
(5) おかしき	(6) いうときえば
(7) まいる	(8) きよう
(9) おしえていう	(10) ゆえ
(11) はねつかう	(12) たまうけり

　現代仮名遣いに直す問題で特によく出るものは、次の五つである。「すべてひらがなに直して」などの条件がついている場合もあるので気をつけよう。⑤の「ゐ」（い）と「ゑ」（え）は見慣れない文字なので、二つを混同しないように注意しよう。

　①古文で言葉の先頭にない「はひふへほ」は、「わいうえお」に直す。

　②古文の「ア段＋う」は、「オ段＋う」に直す。

　③古文の「イ段＋う」は、「イ段＋ゆう」に直す。

　④古文の「エ段＋う」は、「イ段＋よう」に直す。

　⑤古文の「ゐあうゑを」は、「わいうえお」に直す。

> 特に①のルールの問題がよく出るよ。

(1)　「ひ」を「い」、「ふ」を「う」に直す。（①のルール）

(4)　「やうやう」は、「ア段＋う」の形なので、「オ段＋う」に直す。（②のルール）

(5)　「をかしき」は、「を」を「お」に直す。（⑤のルール）

(6)　「いふとひくは」は、「言ふと聞くは」のこと。「ふ」を「う」に、「く」を「え」に直す。

(8)　「けう」は、まず①のルールにしたがって「けう」に直す。すると、「エ段＋う」の形になるので、④のルールにしたがって「イ段＋よう」に直す。

(9)　「教へていふ」は、「教へて言ふ」のこと。①のルールにしたがって直す。

漢字道場20　① 経験　② 批判　③ 群　④ 保　⑤ 資源

☆ちょっと一息☆

　古文を読んでいると、今とは違った考え方や風習が出てくるよ。

　例えば「夢」。平安時代には、夢の中に異性が出てくるのは、その人が自分のことを好きだからだと考えていたんだ。

　すごくロマンチックな考え方だよね。

☆勉強のコツ☆

　歴史的仮名遣いに慣れるには、音読するのも手だよ。

　『枕草子』の最初に「春はあけぼの。やうやう白くなりゆく山ぎは」とあるけど、この部分をすらすら読めるようになるだけでも、「やうやう」を「ようよう」、「山ぎは」を「山ぎわ」と読むというルールが身につくね。

　「『ア段＋う』だから〜」と覚えるのも大事だけど、音読で自然に覚えていくことも忘れないでね。

歴史的仮名遣い

次の各文の──部を現代仮名遣いに直し、すべてひらがなで書こう。

(1) ただ食ひに食ふ音のしければ、

(2) 人の物をほしく借りてけり。

(3) 隠(かく)してまどはせる。

(4) やうやう近うなりゆくをかし。

(5) さばかりをかしきものはなし。

(6) 名をらうぶといくば、

(7) 石山寺にまゐる。

(8) けふお見舞(みま)ひ申すは、

(9) 或(ある)人これを教へていふ、

(10) まんまるに満つるゆゑに餅月(もちづき)といふ。

(11) あの羽(は)うつかひては、

(12) 供人にやをらたまひけり。

― 50 ―

漢字道場⑳　──部のカタカナを漢字に直そう。 ・・・・・・・・・・・・・・・・・・・・・

(1) いろいろな仕事をケイケンする。

(2) あいまいな態度をとっているひとをヒナンする。

(3) 渡(わた)り鳥のムレが北へ旅立っていく。

(4) 部屋を清潔にタモつ。

(5) 今あるシゲンを有効に活用する。

21 解答と解説 古典②

1 (1) ○　(2) ○　(3) ×　(4) ○　(5) ○

ふつう文は終止形で終わるが、**係り結び**では文中の係助詞に呼応して、結びが特定の活用形になる。

・「ぞ」「なむ」「こそ」は、強意(意味を強めるはたらきをする。特に訳すことはしない)を表す。

・「や」「か」は疑問や反語を表す。疑問は「〜か」反語は「〜か、いや〜ではない。」などと訳す。

これらの係助詞と結びの活用形の組み合わせは次のとおり。

係助詞	結びの活用形	例
ぞ・なむ(なん)・や・か	連体形	もと光る竹なむ一筋ありける。
こそ	已然形	これは竜のしわざにこそありけれ。

(1)「こそ」があるので、係り結び。結びは「けり」の**已然形「けれ」**になっている。

(2)「や」があるので、係り結び。結びは「あり」の**連体形「ある」**になっている。

(4)「なむ」があるので、係り結び。結びは「けり」の**連体形「ける」**になっている。

(5)「ぞ」があるので、係り結び。結びは「る」の**連体形「るる」**になっている。

2 (1) はづき・八　(2) しわす・十二　(3) うづき・四　(4) さつき・五　(5) やよい・三
(6) ながつき・九　(7) しもつき・十一　(8) むつき・一　(9) みなづき・六
(10) きさらぎ・二　(11) ふみづき〔ふづき〕・七　(12) かんなづき〔かみなづき〕・十

月の異名は、何月のものであるかと、読み方の両方が出るので、しっかり覚えよう。

> 特殊な読み方の月がよく出るよ。

漢字道場21 (1) こしょう　(2) しげき　(3) とどこお　(4) えと　(5) せま

☆ちょっと一息☆

月の異名はたくさんあって、覚えるのも大変だよね。

こういう知識は、語源や由来を知ったり、語呂合わせを考えたりすると覚えやすいよ。

例えば六月は、今の暦だと梅雨で雨がたくさん降る月だよね。でも、六月の異名は「水無月」=水が無い月と書くんだ。実際は、旧暦は今の暦より一月ぐらいおそいから、旧暦では皐月(五月)が梅雨の時期にあたるよ。五月雨というのは、梅雨の雨のことなんだ。

「神無月(十月)」は、全国の神様が出雲の国(現在の島根県)に集まるので、神様がいない月=神無月となったという説があるよ。だから、出雲の国では十月を「神在月」と呼んだんだ。

「霜月(十一月)」は、霜が降り始める月。季節と合っていて覚えやすいね。

「師走(十二月)」は語源がいくつか考えられていて、その一つが師匠の僧があちらこちらを走りまわる(=馳せる)から、「師馳す」になったというもの。年末はいつの時代もあわただしかったんだね。

目標時間 15分

係り結び・古典知識

1 次の各文について、係り結びになっているものには○、なっていないものには×を書こう。

(1) 聞き出さぬはじこそありけれ。 □

(2) 鳥の羽根のやうにやある。 □

(3) 泣きて伏せれば、心惑ひぬ。 □

(4) 母なむ宮なりける。 □

(5) 此方と思ふもなほぞ待たるる。 □

2 次の月の異名について、読み方を一つ目の空欄に現代仮名遣いのひらがなで書き、何月にあたるかを二つ目の空欄に漢数字で書こう。

(1) 葉月 □ □

(2) 師走 □ □

(3) 卯月 □ □

(4) 皐月 □ □

(5) 弥生 □ □

(6) 長月 □ □

(7) 霜月 □ □

(8) 睦月 □ □

(9) 水無月 □ □

(10) 如月 □ □

(11) 文月 □ □

(12) 神無月 □ □

漢字道場 21 ——部の漢字の読みをひらがなで書こう。

(1) 企業から研究員の委嘱を受ける。 □

(2) 互いに刺激を与えあう。 □

(3) 家に合格通知が届く。 □

(4) 子どもに教え諭す。 □

(5) 真に迫る演技。 □

解答と解説 古典③

(1) イ (2) ア (3) ウ (4)① ア ② イ

現代語訳の問題は、大きく2種類に分けられる。一つは、文の流れや前後との関係を手がかりに意味を考える問題である。もう一つは、文脈を参考にしつつも、助動詞の意味や重要な表現の意味を答える問題であり、次の表にあるような、よく出る重要な表現を覚えておく必要がある。

表現	現代語訳
な～そ	～してはいけない（禁止）
え～打ち消しの語	～できない（不可能）
已然形＋ば	～ので　～と（したところ）

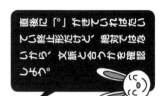

直後に「。」がついていたら、てい終止形だけど、絶対ではないから、文脈と合うかを確認しよう。

(1)(2) 助動詞の「ぬ」を識別できるかどうかが問われている。助動詞の「ぬ」は2種類ある。一つは、完了の意味を表す助動詞「ぬ」の終止形で、もう一つは、打ち消しの意味を表す助動詞「ず」の連体形である。文脈や前後の形などから、どちらになるかを考えよう。

(1)は「ぬ」の直後に「。」がついているので、終止形。よって完了の意味を表し、「～た」「～てしまった」と訳す。

(2)は「ぬ」の直後に「もの」という名詞（体言）が続いているので、連体形。よって打ち消しの意味を表し、「～ない」と訳す。

重要な表現の意味を答える問題でも、必ず話の流れと合うかを確認しよう。

(3) 「な～そ」は禁止の意味を表し、「～してはいけない」と訳す。

(4)① 「ば」の直前が「けれ」と、エ段で終わっていることに着目しよう。「已然形＋ば」は、「～ので」「～と」と訳す。已然形の語尾はエ段で終わることが多いので、「エ段＋ば」が出てきたら、まずは「～ので」「～と」と訳してみよう。そのとき必ず意味が通るかどうかを確認しよう。

② 「え～打ち消しの語」は不可能の意味を表す。「え～ず」は「～できない」と訳す。

漢字道場22
(1) 保障 (2) 保証 (3) 補償 (4) 収拾 (5) 収集

☆ちょっと一息☆

「お」と「を」は、今はどちらも「O」と発音するよね。でも、奈良時代の人たちは「お」は「O」、「を」は「WO」と区別して発音していたんだよ。

それが、平安時代になるとどちらも「WO」と発音するようになったんだ。さらに、江戸時代の中ごろには、どちらも「O」になってきたんだよ。

日本語も長い歴史の中でいろいろ変わってきたんだね。

22 古 典 ③

助動詞・重要表現

次の各文の――部の意味として適切なものを、後のア〜ウから選んで記号で答えよう。

(1) 行き行きて、駿河の国に至りぬ。

　ア　到着しない　　イ　到着した　　ウ　到着するだろう

　　　　　　　　　　　　　　　　　　　　　　　　□

(2) 世々を経て尽きもせぬものなれど、

　ア　なくならない　　イ　なくなった　　ウ　なくなるだろう

　　　　　　　　　　　　　　　　　　　　　　　　□

(3) 翁、「月な見たまひそ。これを見たまへば、ものおぼすけしきはあるぞ」と言へば、

　ア　月をぜひ御覧ください　　イ　月を御覧になることです

　ウ　月を御覧になってはいけません

　　　　　　　　　　　　　　　　　　　　　　　　□

(4) 昔、男ありけり。身はいやしながら、母なむ宮なりける。その母、長岡といふ所に住みたまひけり。子は京に宮仕へしければ、①まうでむとしけれど、しばしば②えまうでず。

　① ア　宮仕えしていたので　　イ　宮仕えしていたら　　ウ　宮仕えしようとして

　　　　　　　　　　　　　　　　　　　　　　　　□

　② ア　あまり参上しない　　イ　参上できない　　ウ　まったく参上しない

　　　　　　　　　　　　　　　　　　　　　　　　□

漢字道場 22 ――部のカタカナを漢字に直そう。・・・・・・・・・・・・・・・・・・・・

(1) 社会ホショウの充実を図る。

　　　　　　　　　　　　　　　　　　　　　□

(2) 成功するホショウはない。

　　　　　　　　　　　　　　　　　　　　　□

(3) 事故による損害をホショウする。

　　　　　　　　　　　　　　　　　　　　　□

(4) 混乱した事態をシュウシュウする。

　　　　　　　　　　　　　　　　　　　　　□

(5) 情報をシュウシュウする。

　　　　　　　　　　　　　　　　　　　　　□

解答と解説　古典④

（1）2人　（2）亭主　（3）亭主　（4）客　（「醒睡笑」による）

古文では、人物を表すときに最初だけ名前と役職を書いて、以降は役職だけ（例「摂政殿」「中納言」）を書く場合もあるから注意しよう。

・古文を読むときは、誰が何をしたかを押さえることが重要。
・主語が省略されていたり、同じ人物が別の名前で登場したりすることもあるので、注意して読もう。

この話は、客の機転のきいた受け答えに面白みがある。「麦飯しかないからいやだろう」と言う亭主に、客は「麦飯が大好きだ」と言って飯を食べさせてもらった。別の日に同じ客が来たとき、亭主が「あなたは麦飯が好きだから、米の飯はあるが出さない」と言うと、客は「米の飯はもっと好きだ」というようなことを言って、米の飯を食べさせてもらった。

（1）登場人物は、「亭主」と「客」の2人。

（2）主語や動作主を探すときは、動作を表す言葉からさかのぼって読んでいく。
「いふ」の前には会話文があり、その前には「出て」とある。出たのは「亭主」なので、会話文も亭主が話したものであり、「いふ」の動作主は「亭主」だとわかる。
また、会話の内容から動作主を特定することもできる。「飯はあるが麦飯なのでいやであろう」という発言から客を受け入れる亭主が言うのだとわかる。

（3）（2）と同じく動作を表す言葉からさかのぼっていく。「ふるまひけり」の前にはしばらく会話文が続いており、動作主はどれも省略されている。動作主が省略された会話文は、二人の人物が交互にやりとりをしていると考えられる。（2）の「いふ」が亭主の動作だとわかっているので、「我は生得〜」は「客」の発言、「さらば」は「亭主」の発言だとわかる。また、こちらそうする側なので亭主だとわかる。

（4）この問題は会話の内容から動作主を判断する。古文の前半で、客は「麦飯が好きだ」と言って麦飯を食べた。古文の後半で、「あなたは麦飯が好きだから、米の飯はあっても出さない」と言う亭主に対して、客は、米の飯の方がもっと好きだと言って米の飯を食べた。よって、動作主は「客」である。

漢字道場 23　（1）たくえつ　（2）じょうじゅ　（3）すた　（4）おか　（5）もち

☆ちょっと一息☆

　平安時代の和歌は、今でいうラブレターやメールの役割もあったんだ。当時の貴族は、男女が自由に会ったり話をしたりすることができなかったので、恋をした相手に和歌を贈って、その和歌が気に入られれば、それに答える内容の和歌で返事がもらえたりしていたんだよ。和歌には「答える歌・かえしうた」という意味もあるんだよ。

　また、貴族の間では和歌の教養がとても重視されていて、出世にかかわることも多かったんだ。

動作主・主語

次の古文を読んで、あとの問いに答えよう。

客（きゃく）来るに亭主（ていしゅ）出で、「めし（飯）はあれども麦飯（むぎめし）やはどにて、いやであらう」と①いふ（と言う）。「我（われ）は生得（しょうとく）、麦飯が好きぢや。麦飯ならば三里も行きて食くはう（三里でも行って食べよう）」と言ふ。「そんなら（それなら）」と②ふるまひけり（ふるまった）。
又有時（あるとき）、件（くだん）の人来る。「そちは（あなた）麦飯が好きぢやや程に、米のめしはあれども出さぬ（米の飯はあるが出さぬ）」と言ふに（と言うと）、「いや米のめしならば五里も行う（五里でも行く）」と、又③くうた。

※里＝距離を表す単位

(1) 古文中には何人の人物が登場するか。算用数字で書こう。 〔 人〕

(2) ―部①「いふ」は誰の動作か。古文中から抜き出して書こう。

(3) ―部②「ふるまひけり」は誰の動作か。古文中から抜き出して書こう。

(4) ―部③「くうた」は誰の動作か。古文中から抜き出して書こう。

漢字道場23 ―部の漢字の読みをひらがなで書こう。

(1) 卓越した技術を世界に示す。

(2) 悲願が成就する。

(3) 様々な方言が廃れずに残っている。

(4) エネルギーの消費量を抑える。

(5) 変わった方法を用いる。

(1) ４人 (2) 無言の候はず (3) 第三座の僧 (4) 上座の老僧 （『沙石集』による）

　「無言でいる修行」なので、しゃべってはいけないにもかかわらず、四人の僧が次々と声を出してしまうという話。「上座の老僧」が、他の三人の僧の失敗を十分に理解していながら、「私だけはしゃべらないぞ」という顔をしてしまうところにこの話の面白みがある。

(1)　「承仕」を除いた登場人物は、「下座の僧」、「次の座の僧」、「第三座の僧」、「上座の老僧」の四人である。
　　　最後の一文にある「法師」は、上座の老僧が自分のことをそう呼んだもの。
(2)　「次の座の僧」の少しあとに「と言ふ」とある。ここが発言の終わりになる。
(3)・(4)　主語や動作主を探すときは、動作を表す言葉からさかのぼって読んでいく。

発言が終わった直後には「と（言ふ）」や「とて」が付くことが多いよ。

漢字道場 24 (1) 結束 (2) 宇宙 (3) 積 (4) 未 (5) 風潮

☆ちょっと一息☆

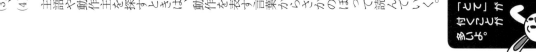

　55ページのコラムで、和歌はラブレターの役割もあったという話をしたから、一首恋に関する歌を見てみよう。作者はかの有名な小野小町だよ。

　思ひつつ　寝ればや人の　見えつらむ　夢と知りせば　覚めざらましを

　歌の意味は、「恋しく思うあの人のことを思いながら寝たので、あの人が夢に現れたのだろうか。夢だとわかっていたならば目覚めずにいたであろうに」というもの。絶世の美女と言われる彼女にも、思い通りにはならない恋があったんだね。

古典 ⑤

動作主・主語・会話文

次の古文を読んで、あとの問いに答えよう。

> ある山寺の僧たちが、並んで七日間無言でいる修行を始めた。

さて時間もたち夜もふけて明かりが消えようとしているのを見て、下座の僧、承仕、火をあげよと言ふを聞（さて、更けて夜ふけて対の消えんとしけるを、下座の僧、承仕、火かきあげよと言ふを聞）（大きくしなさい）

きて、次の座の僧、無言の道場にして、もの申す様候はずと言ふ。第三座の僧、二人ともに（ものを申しにようなわけはありません）

の言ふこと不思議に①おぼえて、心狂はしたらうなと言ふ。上座の老僧、面々に様はかはれども、も（思われて）（心を乱しなさる）（それぞれ言うようは違っても）

の言ふこと、あさましくもじかしくおぼえて、法師ばかりぞものは申さぬと言ひて、うちな（驚きあきれて嘆かわしく）（私だけは）

っうける。

※承仕＝雑用を行う僧

(1) 古文中には「承仕」を除いて何人の人物が登場するか。算用数字で書こう。 　□ 人

(2) 「次の座の僧」の発言にあたる部分の、最初と最後の三字を抜き出して書こう。

□□□ 〜 □□□

(3) ──部①「おぼえて」は誰の動作か。古文中から抜き出して書こう。

(4) ──部②「おぼえて」は誰の動作か。これより前の古文中から抜き出して書こう。

漢字道場 24 ──部のカタカナを漢字に直そう。

(1) チームがケッソクする。

(2) ウチュウ飛行士になるのが夢だ。

(3) 経験をツミ重ねる。

(4) 四月ナカばになるのに、まだまだ寒い。

(5) 社会のフウチョウに逆らう。

25 解答と解説　古典⑥

(1) 2人　(2) さっさと上がれ　(3) 小僧　(4) 坊主　(5) 屋根へ上がれ　（『醒睡笑』による）

星を取ろうとして庭で箒を振り回している小僧に、師匠の坊主が「そこからは届かないから屋根へ上がれ」とアドバイスする話。最後の「先生の教えはありがたい」が強烈な皮肉になっている。

(1) 登場人物は、「小僧」と「坊主」の二人である。古文の最後で「小僧」を「お弟子」、「坊主」を「師匠」と言いかえている。

(2) 会話の部分を探すときは、「と（言ふ）」や「とて」に着目する。古文では、発言が終わった直後に「と（言ふ）」や「とて」が付くことが多い。

(3) 主語や動作主を探すときは、動作を表す言葉からさかのぼって読んでいく。また、直後に「坊主これを見つけ」とあるので、ここで「小僧」から「坊主」に主語が変わっていることが分かる。

(4) 主語や動作主を探すときは、動作を表す言葉からさかのぼって読んでいく。

(5) 古文全体の内容から読み取る。師匠である坊主は、弟子にあたる小僧が低いところ（庭）で星を取ろうとしているのを見て、高いところ（屋根の上）に上がるように教えたのだ。

> 古文では、主語が変わる部分だけ、動作主の名前や役職を書くパターンも多いよ。

漢字道場25　(1) こと　(2) くちょう　(3) じらい　(4) みぞ・したく

☆ちょっと一息☆

49ページで平安時代の「夢」に対する考え方の話をしたけど、他にも、今とは違う考え方や風習がたくさんあるんだ。

「方違え」もその一つで、どこかに外出するときに、目的地のある方角が避けるべき方角だと、いったん別の方向に出て行って一泊し、翌日改めて目的地に出発するという風習なんだ。

また、北東の方角は鬼門と呼ばれていて、鬼が出入りするとして嫌われていたんだよ。今でも家の間取りで鬼門を意識する人は多いし、「鬼門」という言葉は、苦手な人やものという意味で使われているね。

古典 ⑥

動作主・主語・会話文・読解

次の古文を読んで、あとの問いに答えよう。

> 小僧あり。小夜ふけて（夜ふけに）長き竿を持ち、庭をあなたこなた（あちらこちらと）に振り回る①。坊主これを見つけ、「それは何事をするぞ」と問ふ②。「空の星がほしさに（空の星がほしくて）、うち落とさんとすれども落ちぬ（落ちない）」と。さて「鈍なるやつや。それほど策がなうてなるものか（そのまま工夫をなくどうするか）。そこからは竿がとどくまい（届かないだろう）。屋根へ上れ」と。お弟子はともに候へ（ともかくとして）、師匠の指南（教え）ありがたし。

(1) 古文中には何人の人物が登場するか。算用数字で書こう。

　　　　　　　　　　　　　　　　　　　　　　　[　　] 人

(2) 古文中には、一カ所かぎかっこが抜けているところがある。発言にあたる部分の、最初と最後の三字を抜き出して書こう。

　　　　[　|　|　] 〜 [　|　|　]

(3) ――部①「振り回る」は誰の動作か。古文中から抜き出して書こう。

　　　　[　　　　　　　　　　　]

(4) ――部②「問ふ」は誰の動作か。古文中から抜き出して書こう。

　　　　[　　　　　　　　　　　]

(5) ――部③「師匠の指南」が指す具体的な内容を、古文中から六字で抜き出して書こう。

　　　　[　|　|　|　|　|　]

漢字道場 25 ――部の漢字の読みをひらがなで書こう。

(1) 発言の意図を読み取る。

(2) 物柔らかな口調で伝える。

(3) 男女が交互に並ぶ。

(4) 手土産を買い、旅の支度をすませた。

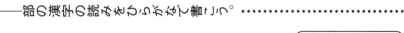

解答と解説

１ ⑴　きれいにあげよ　　⑵　いわうたり　（『醒睡笑』による）

　ある商人の家でのこと。妻から、昆布やかちぐりを入れるための鉢を洗うように言われた使用人が、その鉢を取り落として割ってしまった。主人は、いつもの茶菓子がなかなか出てこないことで機嫌を損ねて妻を叱っていたが、使用人から鉢を割ってしまったという話を聞いて機嫌を直し、「めでたいことだ。今年は、私の商売は人割（「鉢割り」という言葉の響きから連想）上がることだろう」と祝った。

⑴　会話の部分を探すときは「と（言う）」や「とて」に着目する。直前に「あげよと」とある。妻は、鉢を取り出して、家の使用人（＝家の者）に、きれいに洗っておくようにと言って渡した。

⑵　古文で言葉の先頭にない「はひふへほ」は「わいうえお」に直す。

問題文に書いてある、答え方を指定した部分に気をつけよう。「ひらがなで答えなさい」「漢字で書け」といった指示は、特に見落としがちなので注意しよう。

２ イ

あ　主語や動作主を探すときは、動作を表す言葉からさかのぼって読んでいく。古文の最初からⅢまでは太郎の行動が続いている。また、直後に「翁も、不思議の思ひをなし」とあるので、Ⅲで「太郎」から「翁」に主語が変わっていることが分かる。

い　Ⅲも動作を表す言葉からさかのぼって読んでいく。古文の１行目「翁も」から「教くける」まで翁の言動が続いている。

☆ちょっと一息☆

　夜空に浮かぶ月は、三日月、半月、満月など、今でも形によって呼び方が変わるけど、古文の世界でも月の満ち欠けに合わせていろいろな名前が付いていたんだ。

　まず、満月は「望月（もちづき）」と言われていた。その次の日の月が「十六夜月（いざよいづき）」で、満月よりも少し遅く出るいことから、「月が出るのをいざよっている（＝ためらっている）」と考えてこの名を付けたんだ。

　さらに次の日は「立待月（たちまちづき）」。立って待っているうちに出てくる月というわけなんだよ。

　その次の日は「居待月（いまちづき）」。月の出がさらに遅くなるので、座って待つ月というわけなんだね。

　その次の日は「臥待月（寝待月）（ふしまちづき）」。もう少しかかると思うので、寝て待つ月というわけなんだよ。

　そして月が見えなくなる三十日（＝月末）ころを「晦日（月こもり→つごもり）」と呼んで、家の中を掃除したりしたんだ。今でも12月31日は「大晦日（おおみそか）」と呼んで、大掃除をするよね。

1 次の古文を読んで、あとの各問いに答えなさい。

　ある商人の家に、初春の朝とて、昆布・かちぐり(注1)など菓子を入れて据ゑ置く鉢あり。宵より妻の取り出だして、家の者に、「きれいにすすぎてあげよ」と①言ひて渡すに、何とかしけん、その者取り落としてうち割りぬ。妻肝をつぶしけるに、「明けぬれば『初春のいつもの茶の子(注2)出づるや』と思ひて、亭主待てども、出でず。そのまま気色をそこなひ、妻をしかるとき、家の者、割れたる鉢を持ち出で、ありのままに言ひけり。亭主思案に変はり、機嫌を直し、「めでたやめでたや。今年、我があきなひは人割り上がらうよ」と②いはひたり。

（注1）かちぐり＝「昆布」とともに縁起がよいものとされる。　　　（注2）茶の子＝茶菓子。

(1) ──線①「言ひて」とあるが、このとき妻が言った言葉を文中からそのまま抜き出して、その最初と最後のそれぞれ三字を書け。

やや難

			〜			

(2) ──線②「いはひたり」を現代仮名遣いに直し、すべて平仮名で書け。

ふつう

2 次の古文を読んで、あとの問いに答えなさい。

　太郎（浦島太郎）おほきに驚き、こはいかなることぞとて、そのいはれをありのままに語りければ、翁（老人）も不思議の思ひをなし、涙を流し申しけるは、「あれに見えて候ふ古き塚、古き石塔こそ、その人の廟所（お墓）と申し伝へてこそ候へ」と、い指をさして教へける。

問 ──線部あ「語りければ」、い「指をさして教へける」の主語はそれぞれ誰か、最も適切な組み合わせを次のア〜エから一つ選び、記号を書きなさい。やや難

ア　あ 翁　　い 浦島太郎　　　　　　　イ　あ 浦島太郎　　い 翁

ウ　あ 浦島太郎　　い 浦島太郎　　　　エ　あ 翁　　い 翁

（※問題文の語尾などは、実際の試験の表現をそのまま使っています。）

「入試問題で実力チェック！」の解答

(1) ①浴(びる) ②警告 ③風潮 ④とうすい ⑤おいた(る) ⑥はんぷ
(2) 4 (3) 機会も (4) 「が」が一つもなかった (5) 1 おしえて 2 にかはせん

☆部首を確認しておこう！☆

次の漢字の部首がわかるかな。例のように部首名を書いてみよう。(答えはこのページの最後)

陽	例：こざとへん	雪		社		開		遠	
複		利		順		痛		情	

☆勉強のコツ☆

古文に出てくることばは、現在とは違う意味で使われていたものも多いんだ。

例えば「ありがたし」は、古文では主に「めずらしい、すぐれている」という意味で使われているし、「驚く」は「目を覚ます、はっとして気付く」という意味で使われていることも多いよ。

こうした単語は、ついつい今の意味で解釈してしまうことがあるけど、古文の内容を正しく理解するためにしっかりと意味を覚えておこう。

☆ちょっと一息☆

55ページのコラムで、平安時代の貴族は、男女が自由に会ったり話したりできなかったという話をしたよね。じゃあどのようにして相手のことを知ったんだろう？ 当時の女性は、夫と親以外の男性には顔すらも見せなかったから、男性はうわさ話（男性の関心をひくために女性の親が積極的に流すこともあった）から情報を仕入れていたんだ。他に重要だったのが、なんと「のぞき見」。家の垣根の間や御簾（すだれのようなもの）のすき間、几帳（木と布で作った衝立）の破れが風で開いたところなどから、中にいる女性の姿をこっそり見ていたんだ。今なら犯罪行為だよね。

「部首を確認しておこう！」の答え
雪…あめかんむり　社…しめすへん　開…もんがまえ
遠…しんにょう　複…ころもへん　利…りっとう
順…おおがい　痛…やまいだれ　情…りっしんべん

高校入試　きそもんシリーズ1
国語の基礎が学べる問題集
2025春受験用

2024 年 5 月発行

発　行　所　　株式会社　教英出版
〒422-8054　静岡県静岡市駿河区南安倍3丁目12-28
電話（054）288 - 2131

印刷・製本　　株式会社　三　　創

ISBN978-4-290-16818-3

C6381 ¥580E

定価：**638**円
（本体580円＋税）

教英出版

〒422-8054 静岡県静岡市駿河区南安倍3丁目12-28
TEL〈054〉288-2131 FAX〈054〉288-2133